会计基本技能实训

BASIC ACCOUNTING SKILLS TRAINING

李 颖◇主编

林 军　袁 静　方 霞◇副主编

经济管理出版社

ECONOMY & MANAGEMENT PUBLISHING HOUSE

图书在版编目（CIP）数据

会计基本技能实训/李颖主编 . —北京：经济管理出版社，2014. 9（2022. 8 重印）

ISBN 978-7-5096-3345-8

Ⅰ . ①会… Ⅱ . ①李… Ⅲ①会计学–中等专业学校–教材 Ⅳ . ①F230

中国版本图书馆 CIP 数据核字（2014）第 205264 号

组稿编辑：魏晨红
责任编辑：魏晨红
责任印制：黄章平
责任校对：超　凡

出版发行：经济管理出版社
　　　　　（北京市海淀区北蜂窝 8 号中雅大厦 A 座 11 层　100038）
网　　址：www. E–mp. com. cn
电　　话：(010) 51915602
印　　刷：北京虎彩文化传播有限公司
经　　销：新华书店
开　　本：787mm×1092mm/16
印　　张：10. 75
字　　数：206 千字
版　　次：2014 年 9 月第 1 版　2022 年 8 月第 7 次印刷
书　　号：ISBN 978-7-5096-3345-8
定　　价：28. 00 元

编委会

前　言

　　《会计基本技能实训》是中等职业学校会计专业学生实训的必修技能课程。围绕会计工作岗位任职人员所需的基本技能进行编写，注重基础、突出应用、精选内容，为培养中等职业院校会计专业学生的基本技能打下基础。

　　本书在内容处理上主要有以下几点说明：

　　（1）本书主要从各类数字和会计科目及摘要书写的规范、验钞和点钞、计算器与小键盘录入及传票翻打三大技能模块来介绍会计人员应具备的最基本的操作技能。

　　（2）教材内容体系有所创新，突出了职业教育特色，从总体设计上力图达到重训练、轻理论、达目标的效果。在编写体系上分为课前导读、教学目标、技能知识、技能训练和技能拓展5个板块。一方面强调对学生基本技能的训练，另一方面对基本技能做知识拓展，进一步开阔学生视野，提高学生技能水平。

　　（3）在编写要求上以知识和技能实训融合为切入点，把理论与实际操作及训练方法融为一体，注重通俗易懂、图文并茂，编写格式更直观形象，可操作性强，满足了中职教学的需要。

　　（4）本书各技能项目的训练具有较强的实用性，既可作为中职会计实训教程，也可作为会计人员岗位培训辅导用书。

　　本书由海南省经济技术学校李颖主编，林军、袁静和方霞副主编。

　　本课程总学时为36学时，各模块课时分配见下表（供参考）：

模块名称	实训内容	学时数		
		合计	讲授	实训
模块一　会计书写技能实训	单元一　会计数字书写的基本要求	0.5	0.5	0
	单元二　阿拉伯数字的书写技能	2.5	0.5	2
	单元三　中文数字的书写技能	2	0	2
	单元四　会计科目的书写技能	6	2	4

模块名称	实训内容	学时数		
		合计	讲授	实训
模块二 点钞技能实训	单元一 验钞技能	2	1	1
	单元二 点钞技能	6	1	5
模块三 传票翻打技能实训	单元一 传票翻打准备工作	2	1	1
	单元二 传票翻打指法训练	4	0	4
	单元三 传票翻打技能训练	8	2	6
机 动		3	0	3
合 计		36	8	28

本书在编写过程中参阅了国内网站、教材、著作等资料，在此表示衷心感谢！由于编者水平有限，书中不妥之处在所难免，恳请读者给予批评指正。

编 者

2014 年 9 月

目　录

模块二　点钞技能实训

模块三　传票翻打技能实训

模块一 会计书写技能实训

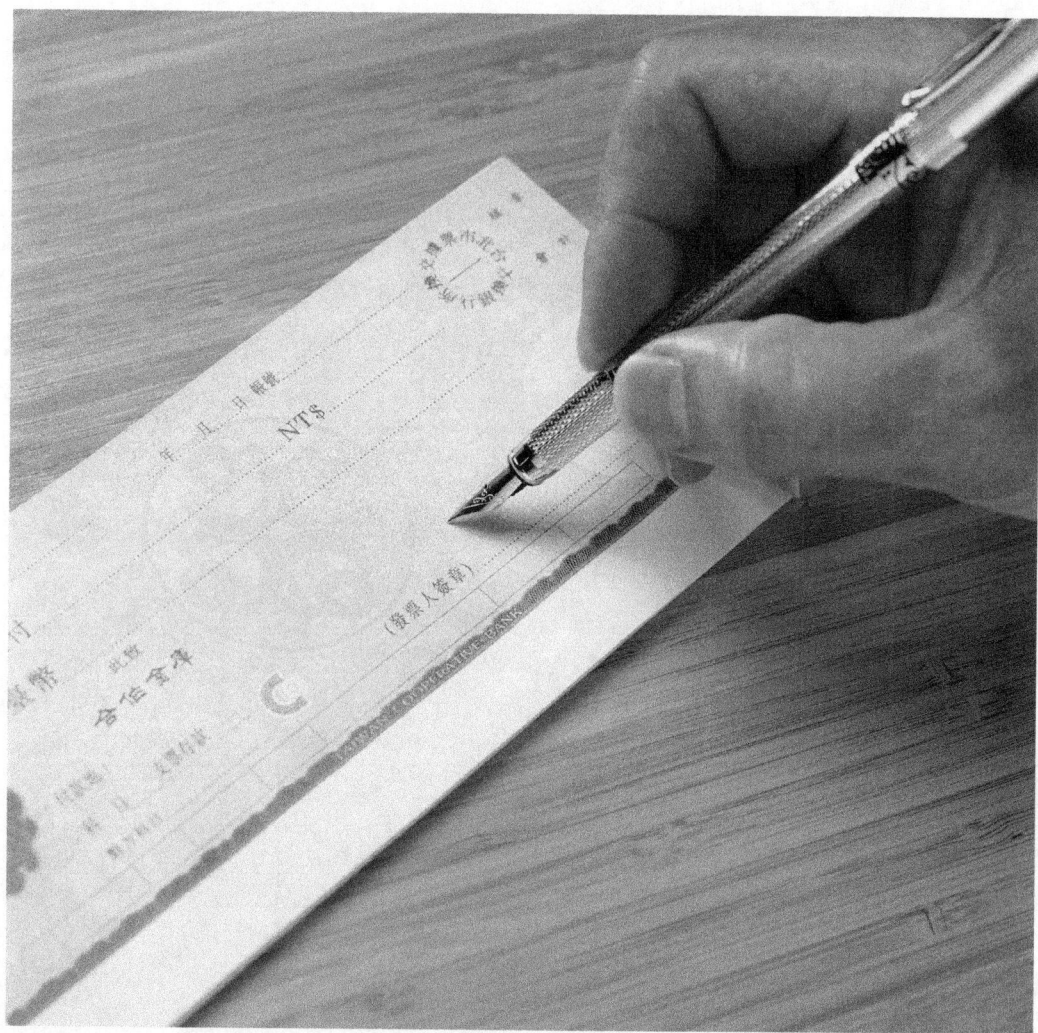

【课前导读】

　　数字是一种用来表示数的书写符号，或者说是表示数目的书写文字。在世界人类文明的发展进程中，随着生产、生活对计量的要求，数就应运而生，于是渐渐地产生了数字。在这个进程中，曾出现过中国的甲骨文数字、埃及的十进位数字、罗马数字、阿拉伯数字等，虽然有些数字已经退出历史舞台，有些数字目前已很少被使用，但是，它们的产生标志着一种古代人类文明的进步。目前，使用最广泛的数字是阿拉伯数字，它已经成为世界各国通用的数字。

课堂阅读

阿拉伯数字

　　你知道吗？阿拉伯数字（见图 1-1）其实并不是阿拉伯人发明创造的，而是发源于古印度，后来被阿拉伯人用于经商而掌握，并经改进传到了西方。西方人由于首先接触到阿拉伯人使用过的这些数据，便误以为是他们发明的，所以便将这些数字称为阿拉伯数字。随着其在世界各地的传播，大家都认同了"阿拉伯数字"这个说法，使世界上很多地方的人误认为是阿拉伯人发明的数字，实际上是阿拉伯人最早开始广泛使用这种数字。但是，欧洲人非常喜爱这套方便适用的记数符号，尽管后来人们知道了事情的真相，但出于习惯，就一直没有改正过来。

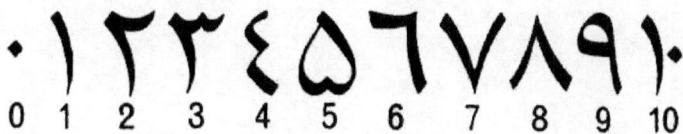

图 1-1　阿拉伯数字

即使现在已经进入会计电算化时代，数字书写仍是会计人员在会计核算与监督过程中必不可少的一项基本技能，因为它体现一个会计从业人员的专业基本功。从某种角度上说，数字书写的好坏可以用来衡量一个会计从业人员的会计基本专业素质的高低，因为数字书写是否清楚、规范，能够直接影响到会计核算各个环节资料的可靠性及有用性。

在我国的会计核算工作中，对于发生的各种业务，既要反映实物数量，又要反映金额数量；既要填制取得的原始凭证，又要编制记账凭证；既要登记账簿，又要编制财务报告。为了适应不同财会业务的要求，会计数字的书写主要涉及阿拉伯数字书写和中文数字书写两个方面：中文大写数字书写一般用于各种原始凭证的数字书写；阿拉伯数字书写一般用于各种凭证、账簿、财务报告的数字书写。

【教学目标】

基本目标	具体目标
1. 掌握会计数字书写的技能	① 熟悉会计数字书写的基本要求 ② 掌握阿拉伯数字书写的规范和技能 ③ 掌握中文数字书写的规范和技能
2. 掌握账簿会计科目及摘要书写的规范	① 熟悉账簿中文字和数字的书写规范 ② 掌握账簿中票据日期和金额的书写技能 ③ 能够运用简明扼要的文字来反映经济业务事项

单元一　会计数字书写的基本要求

会计数字书写时一定要认真、细致、规范，因为它是一种基本技能，所以必须经常练习。具体来说，进行会计数字书写必须掌握以下四项基本要求。

一、书写要位数准确

会计数字书写要做到位数准确。一个数的位数主要是由该数的第一个非零数字（也称最高位数字）所在的位置决定的，只有找准该数字的位置，其他数字的位置才能相对确定。

例如，"24, 600"的首位数"2"的数位是万位，所以这个数是万位数，也叫五位数。在书写时，万位上的"2"既不能写到十万位上，也不能写到千位上，要找准万位书写，以确保会计凭证、账户、报表等资料的准确无误。

二、书写要清楚易辨

会计数字书写必须字迹清晰，使人一目了然，而且各个数字应有明显的区别，以免混淆。

例如，"2"和"7"、"3"和"8"等，不得潦草，不得模棱两可，含混不清。

三、书写要整齐美观

为了使会计核算工作迅速准确，会计数字书写应流畅、整齐，整体看起来美观。如果会计数字书写大小不一、时疏时密、参差不齐、字体变化无常，这样既不美观，也不利于提高会计核算的工作效率。

例如，会计账表中的数字连写、挤占其他行格、字迹潦草等，使得整个账表看起来很混乱，核对起来非常费劲。

四、书写要标准规范

在会计业务实际工作中，没有定式的数字书写，账面极易被人涂改，出现事故也不易分清责任。只有按照会计数字的书写规定训练出来的符合标准规范的数字书写，才能做到防患于未然。

例如，没有按照要求将中文数字写成大写，导致"二"被改成"三"、"三"被改成"五"，极易给相关部门或人员造成损失。

单元二 阿拉伯数字的书写技能

一、阿拉伯数字的标准写法示范

在会计业务中，比较标准的阿拉伯数字书写如图1-2、图1-3所示。

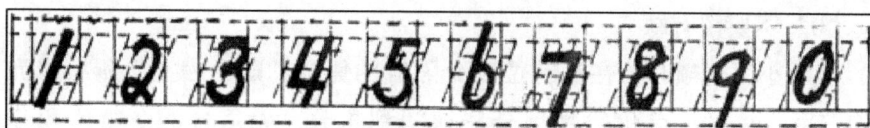

图1-2 标准的阿拉伯数字书写（一）

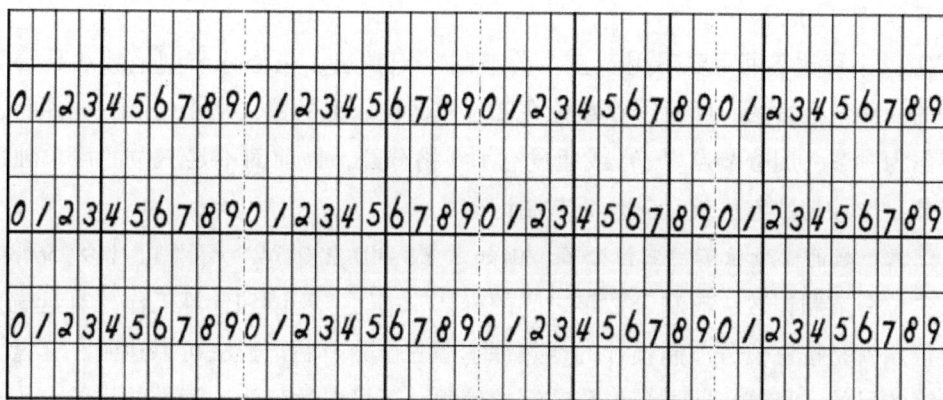

图1-3 标准的阿拉伯数字书写（二）

二、阿拉伯数字的书写要求

（1）数字要自上而下、从左至右一个一个书写，不得连笔书写，大小要匀称，笔画要流畅。

（2）阿拉伯数字书写要有一定斜度，一般要求上端向右倾斜60°左右，即数字的中心斜线与底平线为60°左右的夹角。

（3）每个数字下方应贴近底线书写，上方高度一般为账格的1/3～1/2，即账格较高的可占1/3，账格较低的可占1/2，使上方能留出一定空位，为更正数字留有书写的余地。

（4）除"6"、"7"和"9"外，其他数字均应靠底线书写，且高度要保持一致。

（5）"7"和"9"的下部可以下伸到下格上半格的1/4。

（6）"6"的上部可以上伸到上半格的1/4。

（7）"0"不要留有缺口。

（8）表示小写金额时，在没有位数分隔线的凭证、账、表上，所有以元为单位的阿拉伯数字，除表示单价等情况外一律写到角分；无角分的，角位和分位可写"00"或"—"；有角无分的，分位应当写"0"，不得以符号"—"代替。

例如，"￥200.00"可写成"￥200.—"，也可写作"￥200.00元"；而"￥200.50"不可写作"￥200.5—"。

（9）小写数字书写要采用"三位分节制"记数法。三位分节制记数法是国际上通用的一种记数方法，即对于整数位在四位或四位以上的数，从个位起，向左每三位数字作为一节，用分节点（,）或通过空1/4格分开，最前面不足三位的可单独成一个分节，这种记数方法就是三位分节制记数法。

注意：数的小数位不用三位分节，例如"￥8,907,230.74"或"￥3 149 256.39"。

三位分节制记数法有利于数字之间的辨认、书写、阅读和计算工作。算盘横梁上的定位点就是按三位分节制设计的，熟练掌握三位分节制记数法可以达到在算盘上快速计算的目的。另外，通过三位分节制的使用，还可以达到快速读数的目的。快速读数可以记住以下要诀：

头撇（空）前千位，

二撇（空）前百万，

三撇（空）前面是十亿，

兆在四撇（空）前。

（10）"￥"的用法。"￥"是人民币的符号，是汉语拼音"Yuan"的缩写。我国1948年12月1日开始发行的人民币，是以"元"为单位，而"元"的汉语拼音为Yuan。取元的拼音的第一个字母，再添加两横，组成"￥"，规定为人民币的符号。该符号有双重含义：既代表人民币的币制，又含有"元"的意思。该符号用于人民币小写金额前。小写金额前填写人民币符号"￥"以后，数字后面不写"元"。"￥"主要应用于填写票证（发票、支票、存单等）和编制记账凭证，在登记账簿、编制报表时，一般不使用"￥"。

课堂阅读

人民币的符号

你知道吗，人民币符号其实是"￥"而不是"¥"。人民币简写符号"￥"是怎样产生的呢？这要追溯到民国时期。1935年，国民党政府对币制进行改革，以法制形式强制确定了流通货币，即"法币"。开始法币只同英镑£保持一定的比价，后来随着美元在国际市场上的作用越来越大，法币又同美元挂了钩。所以，法币符号就借用美元符号而写成"$"。1948年12月1日中国人民银行成立，并发行了新中国的第一套人民币，但在新中国成立初期，人们书写阿拉伯数字金额时，还习惯沿用"$"作为封头符号。直至1955年3月1日，中国人民银行发行第二套人民币，才正式确定了人民币的符号。因为人民币单位为"元"，而"元"的汉语拼音是"Yuan"，因此，人民币符号就采用"元"字汉语拼音字母中的第一个字母"Y"。为了区别"Y"和阿拉伯数字之间的误认和误写，就在"Y"字上加两横而写成"￥"，读音仍为"元"。从此，人们就开始用"￥"符号表示人民币，在书写数字金额时用它作封头符号了，如人民币100元写作"￥100"或者"RMB￥100"。很多银行的存折、单据以及税务局的单据上都是打"￥"而不是"¥"，实际上"¥"是日元的货币计量单位，二者极易混淆。"￥"的写法如图1-4所示。

￥5.78

图1-4　"￥"的标准写法

在会计电算化下，通常需要利用计算机输入"￥"。那么怎样才能输入"￥"呢？按住 ALT 键，在小键盘上连续键入 0165 四个数字，然后松开 ALT 键就可以打出"￥"；或者，点击 Word 文档页面工具栏上的【插入】选项，选择【符号】选项，再选择"拉丁语-1"选项，也能找到"￥"后点击【插入】按钮也能打出"￥"。

注意：在中文输入法状态下，按 Shift+＄组合键打出的是"￥"；按 V3 找到的也是"￥"。

【技能训练】

请将下列数字规范地书写在字格中。

86,533

674,075

7,169,547

83,021,006

725,638,000

6,867,476,051

7,007,676,300

9,700,000,002

8,667,561,372

4,531,097,862

5,712,680,349

3,784,325,961

¥764,021

¥923,402

¥4,370,821

¥5,341,879

¥73,286,104

¥84,790,235

¥310,786,259

¥120,598,436

三、阿拉伯数字书写的注意事项

（1）采用规范的手写体书写，并要保持个人的独特字体，以防模仿。

（2）对于易混淆且笔顺相近的数字，在书写时，尽可能地按标准字体书写，区分笔顺，避免混同，以防涂改。

①"1"不可写得过短，要保持倾斜度，将格子占满，这样可防止改写为"4"、"6"、"7"、"9"。

②"2"的底部上绕，以免被改为"3"。

③"4"的顶部不封口，写第1笔画时应上抵中线，下至下半格的1/4处。

④"6"的竖画应偏左，"4"、"7"、"9"的竖画应偏右，此外"6"的竖画应上提为一般数字的1/4；"7"、"9"的竖画可下拉出格至下格上半格的1/4。另外，书写"6"时下圆要明显，以防止改写为"8"。

⑤"8"有两种笔顺，都起笔于右上角，结束于右上角，写"8"时，上边要稍小，下边稍大，可以斜"S"起笔也可直笔起笔，终笔与起笔交接处应成菱角，以防止将"3"改为"8"。

⑥"6"、"8"、"9"、"0"的圆圈必须封口。

（3）在会计日常核算工作中，需要记账、算账、报账，因此需要书写大量的数码字，当数码字书写出现错误时，严禁使用刮、补、擦等方法，更不允许用涂改液、消字药水等方法涂改，而必须采用正确的更正方法进行更正。

① 在凭证、票据上书写大写数字出现错误时，无论是写错一个字还是多个字，都不能在原来的数字上更正，而应该更换凭证、票据重新书写。

② 阿拉伯数字书写错误时，也不能就某个数字涂改更正，而应该采用画线更正法更正。画线更正法就是在错误的全部数字正中间画一条红线，表示注销，然后再将正确的数字写在被注销数字的上方，并由更改人员在更正处加盖经手人私章，以示负责。

注意：在珠算学习、等级鉴定或比赛时，要用蓝黑色的钢笔或圆珠算书写答数，而不能用红笔和铅笔。如果出现答数书写错误，也不能乱涂乱改，应在原答案数字的中间画一条横线，然后将正确的答数写在原答数的上方或下方。

阿拉伯数字书写错误时的更正方法如图 1-5 所示。

图 1-5　阿拉伯数字书写错误时的更正方法

【技能训练】

1. 请指出下列票据中数字书写存在哪些不规范，并进行改正

××省行政事业性收费基金专用票据

交款单位或个人：××贸易有限公司　　　　2014年2月22日　　　No.0016009

项目	单位缴纳		个人缴纳		补缴金融	滞纳金	金额（元）									备注
	比例	金额	比例	金额			百	十	万	千	百	十	元	角	分	
基本养老保险费											3	6	8	5		
失业保险费												7	9	3	4	
大额医疗保险费										2	1	0	8	6	6	
生育医疗保险费											3	5	6	0		
金额合计（大写）　叁仟伍佰元整							¥　6108.5—									

开票人：张三

2. 请正确填写以上票据中的数字内容

××省行政事业性收费基金专用票据

交款单位或个人：××贸易有限公司　　　　年　月　日　　　No.0016009

项目	单位缴纳		个人缴纳		补缴金融	滞纳金	金额（元）									备注
	比例	金额	比例	金额			百	十	万	千	百	十	元	角	分	
基本养老保险费																
失业保险费																
大额医疗保险费																
生育医疗保险费																
金额合计（大写）							¥									

开票人：张三

单元三　中文数字的书写技能

一、中文数字标准写法示范

在会计业务中，中文数字主要用于支票、发票、传票、合同数据等重要票据。由于中文数字庄重、笔画繁多、可防篡改，所以有利于避免混淆和经济损失。

中文数字分别为：壹、贰、叁、肆、伍、陆、柒、捌、玖、零、亿、仟、佰、拾、万、元（圆）、角、分、整（正）。

比较标准的中文数字书写如图1-6所示。

壹 贰 叁 肆 伍 陆 柒 捌 玖 零
亿 仟 佰 拾 万 元(圆) 角 分 整(正)

图1-6 标准的中文数字书写

二、中文数字的书写要求

（1）中文数字一律用正楷或者行书体书写，不得用"〇、一、二（两）、三、四、五、六、七、八、九、十"等简化字及口语"块"、"毛"等代替，也不得任意自造简化字。

（2）大写金额数字前未印有货币名称的，应当加填货币名称，货币名称与金额数字之间不得留有空白；货币名称后不能用冒号，其他实物单位的大写前要加实物名称或"计"、"合计"、"总计"等字样。

（3）注意"零"的用法。在会计业务中，小写数字通常用阿拉伯数字表示，大写数字"零"的写法主要取决于小写数字中"0"出现的位置。"0"应按照汉语语言规律、金额数字构成和防止涂改的要求进行中文数字书写，详见以下介绍的七种用法：

① 小写数字中间有一个"0"时，大写一般要写"零"。

例如，"￥4,703.00"应写为"人民币肆仟柒佰零叁元整"。

② 小写数字中间有连续几个"0"时，大写一般只写一个"零"，有时也写若干个"零"。

例如，"￥310,008.00"应写为"人民币叁拾壹万零捌元整"。

在印有数位的原始凭证大写中，通常需要将小写数字中间的几个"0"以几个"零"写在相应数位的前面，如图1-7所示。

货 号	品名及规格	计量单位	数 量	单 价	金 额								
					百	十	万	千	百	十	元	角	分
						3	1	0	0	0	8	0	0
合 计						￥	3	1	0	0	0	8	0	0
合计人民币（大写）	╳佰叁拾壹万零仟零佰零拾捌元零角零分												

图1-7 示例

③ 小写数字末尾有"0"的，大写一般不写"零"，有时也写若干个"零"。

例如，"￥5,200.00"应写为"人民币伍仟贰佰元整"。

在印有数位的原始凭证大写中，通常需要将小写数字末尾的几个"0"用"零"填写在相应数位及元、角、分前，如图1-8所示。

货 号	品名及规格	计量单位	数 量	单 价	金 额								
					百	十	万	千	百	十	元	角	分
							5	2	0	0	0	0
合 计						￥		5	2	0	0	0	0
合计人民币（大写）	╳佰╳拾╳万伍仟贰佰零拾零元零角零分												

图1-8 示例

④ 小写数字元位是"0"，或者数字中间连续有几个"0"、元位也是"0"但角位不是"0"时，中文大写金额可以只写一个"零"，也可以不写"零"。

例如，"￥2,670.34"应写为"人民币贰仟陆佰柒拾元零叁角肆分"或"人民币贰仟陆佰柒拾元叁角肆分"。

⑤ 小写数字元位和角位是"0"，但分位不是"0"时，中文大写金额可以只写一个"零"。

例如，"￥203,810.06"应写为"人民币贰拾万零叁仟捌佰壹拾元零陆分"。

⑥ 小写分位是"0"时，可不写"零分"字样。

例如，"￥5.70"应写为"人民币伍元柒角整"。

⑦ 不能用"另"代替"零"，以防止将"另"改成"捌"。

（4）注意"整"的用法。"整"最初的含义是"整数"，目前在大写金额中主要将其作为截止符使用，防止大写金额被涂改。也就是说，大写金额数字到元或者角为止的，在"元"或者"角"之后应当写"整"或者"正"；如果大写金额数字有分的，则分后面不写"整"或者"正"。

例如，将"￥3,920.00"表示为大写金额，应写成"人民币叁仟玖佰贰拾元整"。

（5）注意"壹拾几"的"壹"不能丢。由于"壹拾几"中的"壹"字受口语"拾几"的影响，所以很容易被漏掉。但是，口语"拾几"中的"拾"没有被涂改的问题，它一方面可以代表数位为十位，另一方面可以代表十位上的数字"壹"。若将"拾几"这一口语化的数字书写出来，则"拾"字仅能代表数位为十位，而不能代表十位上的数字"壹"，这样书写出来的中文大写"拾几"很容易被改成"叁拾几"、"玖拾几"等。因此，为防止人为涂改，中文数字中"壹拾几"的"壹"字不能丢。

例如，将"￥128,045.14"表示为大写金额，正确的写法是"人民币壹拾贰万捌仟零肆拾伍元壹角肆分"，而错误的写法是"人民币拾贰万捌仟零肆拾伍元壹角肆分"。

（6）若凭证上已印好数位的，可在首个数量字前的各数位字前标上"×"形符号占位。

例如，"￥600.50"在印好数位的凭证中大写金额应写成"人民币×万×仟陆佰零拾零元伍角零分"。

（7）各种票据和结算凭证的中文大写金额一律不许涂改，一经写错，须作废凭证，重新填写。

【技能训练】

请将下列数字书写在字格中。

人民币伍佰元整

人民币捌仟叁佰陆拾元整

人民币壹拾万零捌仟元整

人民币柒佰玖拾贰元整

人民币壹佰万元零玖角

人民币陆万零叁元柒角捌分

人民币玖亿零伍佰元整

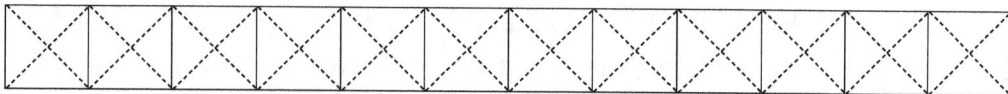

人民币贰仟伍佰元零叁分

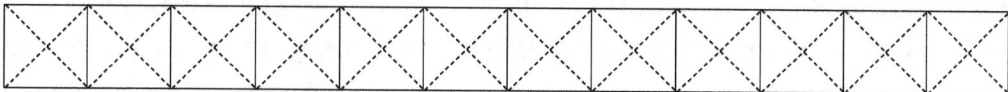

人民币陆万零玖佰元整

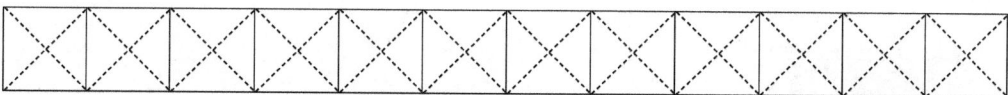

人民币柒万元伍角捌分

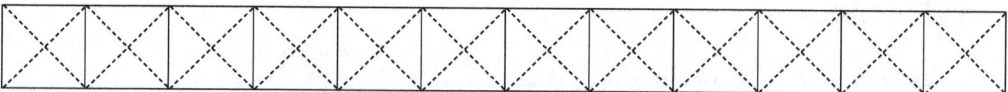

人民币玖仟柒佰零肆元整

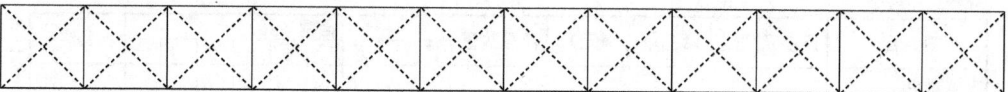

三、中文数字书写注意事项

根据中国人民银行《正确填写票据和结算凭证的基本规定》（以下简称《规定》），票据的出票日期必须使用中文大写。

（1）为防止变造票据的出票日期，在填写月、日时，月为壹、贰和壹拾的，日为壹至玖和壹拾、贰拾和叁拾的，应在其前加"零"；日为拾壹至拾玖的，应在其前加"壹"。

例如，1月15日，应写成零壹月壹拾伍日；又如，10月20日，应写成零壹拾月零贰拾日。

（2）票据出票日期使用小写填写的，银行不予受理。大写日期未按要求规范填写的，银行可予以受理；但由此造成损失的，由出票人自行承担。

例如，2013 年 8 月 5 日，可写为贰零壹叁年捌月零伍日。捌月前零字可写也可不写，伍日前零字必写；又如，2014 年 2 月 13 日，可写为贰零壹肆年零贰月壹拾叁日。

（3）一般在月份叁至玖的大写前面可以不用加"零"。

① 壹月、贰月前零字必写，叁月至玖月前零字可写可不写。拾月至拾贰月必须写成壹拾月、壹拾壹月、壹拾贰月（前面多写了"零"字也认可，如零壹拾月）。

② 壹日至玖日前零字必写，拾日至拾玖日必须写成壹拾日及壹拾×日（前面多写了"零"字也认可，如零壹拾伍日），贰拾日至贰拾玖日必须写成贰拾日及贰拾×日，叁拾日至叁拾壹日必须写成叁拾日及叁拾壹日。

【技能训练】

1. 请指出下列票据中数字书写存在哪些不规范

××省商业销售通用票据

交款单位或个人：××物流配送中心　　　2013年12月16日　　　No.0046115

项　目	品名及规格	商品单价（元）	商品数量	金额（元）									备注
				百	十	万	千	百	十	元	角	分	
大型家电						5	6	2	3	0	0	0	
小型家电							1	8	2	3	0	0	
服　饰						1	2	1	2	6	7	4	
食物饮品							4	8	9	1	2	6	
金融合计（大写）　零佰零拾七万伍仟 佰七拾壹元零角零分整				¥　　75071.00									

开票人：赵四

2. 请重新正确填写以上票据中的数字

××省商业销售通用票据

交款单位或个人：××物流配送中心　　　年　月　日　　　No.0046115

项　目	品名及规格	商品单价（元）	商品数量	金额（元）									备注
				百	十	万	千	百	十	元	角	分	
大型家电													
小型家电													
服　饰													
食物饮品													
金融合计（大写）				¥									

开票人：赵四

3. 请正确写出下列日期的大写形式

2013 年 1 月 12 日 _____

2009 年 11 月 30 日 _____

2002 年 10 月 5 日 _____

1990 年 7 月 15 日 _____

2014 年 4 月 11 日 _____

2011 年 12 月 20 日 _____

1999 年 3 月 10 日 _____

2010 年 6 月 20 日 _____

2014 年 5 月 27 日 _____

2013 年 8 月 31 日 _____

单元四　会计科目的书写技能

一、会计科目的书写技能

(一) 会计科目及其分类

会计科目是按照经济业务的内容和经济管理的要求，对会计要素的具体内容进行分类核算的科目。会计科目按其所提供信息的详细程度及其统御关系不同，又分为总分类科目和明细分类科目。前者是对会计要素具体内容进行总括分类，提供总括信息的会计科目，如"应收账款"、"原材料"等科目；后者是对总分类科目做进一步分类，提供更详细、更具体的会计科目，如"应收账款"科目按债务人名称设置明细科目，反映应收账款的具体对象。

会计科目的设置可以把各项会计要素的增减变化分门别类地归集起来，使之一目了然，以便为企业的内部经营管理和向有关方面提供一系列具体分类的核算指标。

为明确会计科目之间的相互关系，充分理解会计科目的性质和作用，进而更加科学规范地设置会计科目，以便更好地进行会计核算和会计监督，所以对会计科目要按一定的标准进行分类。对会计科目进行分类的标准主要有三个：一是会计科目核算的经济内容；二是会计科目核算信息的详略程度；三是会计科目的经济用途。

1. 按照核算的经济内容分类

(1) 资产类科目。按资产的流动性分为反映流动资产的科目和反映非流动资产的科目。

(2) 负债类科目。按负债的偿还期限分为反映流动负债的科目和反映长期负债的科目。

(3) 所有者权益类科目。按权益的形成和性质可分为反映资本的科目和反映留存收益的科目。

（4）收入类科目。按收入的不同内容分为反映业务收入的科目和反映非业务收入的科目。

（5）费用类科目。按费用的不同内容和性质分为反映成本的科目、反映期间费用的科目和反映支出的科目。

注意：按照会计科目的经济内容进行分类，遵循了会计要素的基本特征，它将各项会计要素的增减变化分门别类地进行归集，清晰地反映了企业的财务状况和经营成果。

2. 按照核算信息的详略程度分类

为了使企业提供的会计信息更好地满足各会计信息使用者的不同要求，必须对会计科目按照其核算信息的详略程度进行级次划分。一般情况下，可以将会计科目分为总分类科目和明细分类科目。

（1）总分类科目又称一级科目或总账科目，是对会计要素具体内容所做的总括分类，它提供总括性的核算指标，如"固定资产"、"原材料"、"应收账款"、"应付账款"等。

（2）明细分类科目又称二级科目或明细科目，是对总分类科目所含内容所做的更为详细的分类，它能提供更为详细、具体的核算指标，如"应收账款"总分类科目下按照具体单位名称分设的明细科目，具体反映应向该单位收取的货款金额。如果有必要，还可以在二级科目下分设三级科目、四级科目等进行会计核算，每往下设置一级都是对上一级科目的进一步分类。

注意：在我国，总分类科目一般由财政部统一制定，各单位可以根据自身特点自行增设、删减或合并某些会计科目，以符合会计科目的要求。

3. 按照经济用途分类

经济用途指的是会计科目能够提供什么经济指标。会计科目按照经济用途可以分为盘存类科目、结算类科目、跨期摊配类科目、资本类科目、调整类科目、集合分配类科目、成本计算类科目、损益计算类科目和财务成果类科目等。

（二）会计科目的书写要求

（1）必须使用统一会计制度规定的会计科目，不得自创，以保证核算口径一致，便于前后期的比较，也便于进行逐级汇总，为宏观经济管理服务。如没有根据正规会计科目分类书写会计科目、会计人员巧设名目、自创科目名称做账等。

（2）一级科目、二级科目或明细科目填写齐全，对应关系清楚，金额正确无误。如有的科目书写一、二级科目主次颠倒，甚至科目层级混乱，造成账面不清。

（3）在书写时，文字不要占满格，一般应占格距高度的1/2，上面留有一定的空间，便于更正差错。在进行会计科目中的文字书写时，一定要留有一定的空隙，不要占满整个行格，这样不仅账面不美观，而且会给发现差错时的修改带来困难。

（4）字迹必须清晰、工整，不得潦草。会计人员进行科目书写时，一定要一笔一画、工整地进行书写。

会计科目书写示例如图1-9所示。

科目汇总表

2012　年　12　月　1　日至　2012　年　12　月　10　日

科目代码	科 目	借方金额										贷方金额									
		千	百	十	万	千	百	十	元	角	分	千	百	十	万	千	百	十	元	角	分
1002	银行存款		3	9	9	0	4	0	0	0	0		1	1	8	0	5	8	8	2	0
1111	应收票据													2	0	0	0	0	0	0	0
1131	应收账款		1	9	8	7	2	5	0	0	0		2	1	9	1	5	5	0	0	0
1133	其他应收款														1	0	0	0	0	0	0
1141	坏账准备													2	8	0	8	0	0	0	0
1151	预付账款				5	8	2	6	6	0	0			1	6	2	4	4	6	0	0
1211	原材料				6	8	5	8	0	0	0										

图1-9　会计科目书写示例

二、会计摘要的书写技能

（一）会计摘要的概念

会计摘要是在记账凭证和会计账簿中，对经济业务往来主要内容的简要记录。会计摘要要求简明扼要，既要说明情况，又不能烦琐。

一般对常见经济业务的会计摘要所做的规范如下：

（1）收到某企业或个人现金投资时，摘要应填写：收到投资款。

（2）收到某企业固定资产投资时，摘要应填写：收到固定资产投资。

（3）收到某企业投入产品（假设产品为原材料或商品）时，摘要应填写：收到原材料或库存商品投资。

（4）支付×月工资时，摘要应填写：发放×月工资。

（5）企业购买办公用品及其他办公室常用的商品、购发票、付有线电视费、付各种行政事业单位工本费等其他办公费用时，摘要应填写：支付办公费。

（6）企业员工出差发生车费（包括市内及异地）、异地餐费、异地住宿费时，摘要应填写：支付差旅费。

（7）企业招待客户发生餐费、住宿费、礼品时，摘要应填写：支付交际应酬费。

（8）企业发生电话费、手机费、网络费时，摘要应填写：支付通信费。

（9）企业发生运输费、搬运费、停车费、过路过桥费、加油费、汽修费、车辆保险费（公司用车）、邮寄费、邮递费、快递费时，摘要应填写：支付运杂费。

（10）企业每月发生固定资产折旧费时，摘要应填写：结转折旧费用（点击固定资产折旧模块由系统自动生成记账凭证）。

（11）企业支付员工过节费、购工服、员工旅游费、员工住宿费等福利费时，摘要应填写：支付福利费。

（12）企业支付办公地点房租或厂租时，摘要应填写：支付×月租赁费或支付某时间段租赁费（无具体日期时可不注明）。

（13）企业支付办公地点水电费、空调费及物业管理费时，摘要应填写：支付×月水电管理费或支付某时间段水电管理费（无具体日期时可不注明）。

（14）开办费：企业开办期发生的费用在每月进行分摊，摊销期限为 5 年（即 60 个月）时，摘要应填写：摊销开办费。

（15）企业按每月收入的 0.1‰ 计提堤围费时，摘要应填写：计提×月堤围费。

（16）企业每月通过银行扣社保费时，摘要应填写：支付×月社保费。

（17）购买印花税票、车船使用税、房产税、土地使用税、调整税金误差时，摘要应填写：购买印花税票/上缴车船使用税/上缴房产税/上缴土地增值税/调整税金误差。

（18）购买固定资产时，摘要应填写：购入固定资产（电脑）。

（19）销售货物时：

① 企业向国内客户提供商品开出商品销售发票，摘要应填写：销售（公司简称）。

② 向税务局代开销售发票，摘要应填写：代开发票收入（公司简称）。

③ 假设企业当月申报不开发票收入，摘要应填写：未开票收入。

④ 假设该企业向国外提供商品，摘要应填写：国外销售（公司简称）。

注意：用现金方式收取销售货物的款项时摘要不用注明公司简称。

（20）提供劳务，开出发票时，摘要应填写：营业收入（公司简称）。

（21）计提地税及相关税费时，摘要应填写：计提×月地税。

（22）企业盈利时每季度计提企业所得税费时，摘要应填写：计提第×季度企业所得税。

（23）企业账面无库存，需估价入账时，摘要应填写：暂估入库。

（24）取得估价入账的发票时，摘要应填写：红冲×月暂估入库。

（25）月底结转销售成本时，摘要应填写：结转销售成本。

（26）收取货款定金或以前月份货款时，摘要应填写：收款（公司简称）。

（27）收到其他单位或个人借给企业的款项时，摘要应填写：收到借款（公司简称或个人全称）。

（28）假设用现金及银行结算方式还借款时，摘要应填写：还款（公司简称或个人全称）。

（29）新成立公司筹办期间或企业资金不足时个人垫付备用金时，摘要应填写：垫付备用金（个人全称）。

（30）取得基本账户银行支票存根时，摘要应填写：提现。

（31）将现金存入银行时，摘要应填写：存现。

（32）上缴当月代开发票国税及上个月国税时，摘要应填写：上缴×月代开发票增值税/上缴 12 月增值税。

（33）上缴当月代开发票地税及上个月地税时，摘要应填写：上缴×月代开发票地税/上缴 12 月地税。

（34）上缴第一季度企业所得税时，摘要应填写：上缴第一季度企业所得税。

（35）用支票等其他银行结算方式预付定金或支付以前月份货款时，摘要应填写：付款（公司简称）。

（36）用支票等其他银行结算方式借款给企业时，摘要应填写：借款（公司简称）。

（37）用现金或者银行结算方式收取借款时，摘要应填写：收回借款（公司简称）。

（38）各银行内部转账（比如转税款）时，摘要应填写：内部转款。

（39）收到承兑汇票时，摘要应填写：收到承兑汇票（公司简称）。

（40）承兑汇票背书转让时，摘要应填写：承兑汇票背书转让。

（41）承兑汇票贴现时，摘要应填写：承兑汇票贴现（公司简称）。

（42）支付银行发生的手续费、购支票、账户管理费、年费等时，摘要应填写：支付银行费用。

（43）收到银行利息时，摘要应填写：收到第一季度银行利息。

（44）上缴滞纳金或其他罚款时，摘要应填写：上缴滞纳金或罚款。

（45）一般纳税人当月要缴纳增值税时，摘要应填写：结转×月增值税。

（46）领用原材料时，摘要应填写：领用原材料。

（47）结转制造费用时，摘要应填写：结转制造费用。

（48）工业企业完工产品入库时，摘要应填写：完工产品入库。

（49）购买低值易耗品时，摘要应填写：购买低值易耗品。

（50）低值易耗品摊销时，摘要应填写：低值易耗品摊销。

（二）会计摘要的书写要求

1. 简单明了，一看便知

有些财务人员只追求简单，但却不明了，如收、付款凭证只写"付款"二字，转账凭证只写"转成本"、"调整科目"等。根据要求，对于收、付款业务，摘要应写明收、付款的性质，即写明收什么款、付什么款，如写明"收××厂销货款"、"收××公司投资款"等；对于转账业务，摘要应写明转账内容，如"结转材料成本差异"、"转入库材料成本"、"收入转本年利润"等。

2. 字迹清楚，语句通顺

会计摘要字迹不能潦草，尤其要注意语句通顺，不能有语法错误，如"××公司欠款收入账"、"××厂退款"等容易让人误解，应该写成"收回××公司欠款"、"收到××厂退款"。

3. 根据附件，提炼摘要

在实际业务中，有的会计摘要写着"归还××厂的垫付款"，可原始凭证是汇出购货款；有的将收入款计入应付款。附件应真正表明业务的发生及完成情况，填写摘要时，应根据附件的内容写明业务的性质，概括其业务内容，但是不能照抄，也不能将原始凭证的内容全部写入摘要栏。因此，会计摘要应有重点地摘录记账凭证的摘要内容。

4. 红字冲账，摘要明确

财务人员更正错账时，其红字冲账内容没有原始凭证或附件，应在摘要栏写明冲账原因或业务内容，如写明"更正某年某月某日记账凭证错账"、"冲减退货进项税额”等。

会计摘要书写示例如图 1-10 所示。

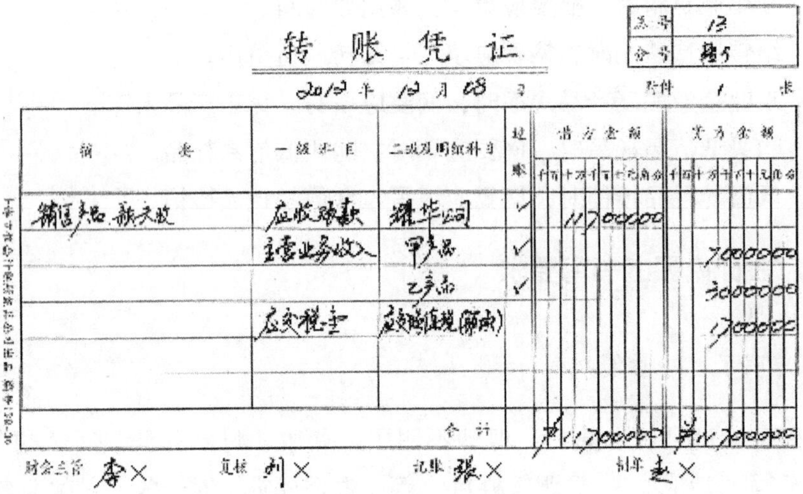

转账凭证

总号	13
分号	转5

2012 年 12 月 08 日　　附件 1 张

摘要	一级科目	二级及明细科目	过账	借方金额	贷方金额
销售产品，款未收	应收账款	耀华公司	✓	11700000	
	主营业务收入	甲产品	✓		7000000
		乙产品	✓		3000000
	应交税费	应交增值税（销项）			1700000
合计				¥11700000	¥11700000

财会主管 李×　复核 刘×　记账 张×　制单 赵×

图 1-10　会计摘要书写示例

三、票据日期的书写技能

会计票据上的日期分为阿拉伯数字日期和中文数字日期两种，使用阿拉伯数字日期时比较简单，如“2014-1-21”可以写成“2014 年 01 月 21 日”。

但是，对于会计日期中的中文书写方式，一般是这样规定的：在填写月、日时，月为“壹”、“贰”和“壹拾”的，日为“壹”至“玖”、“壹拾”、“贰拾”和“叁拾”的，应在其前加“零”；日为“拾壹”至“拾玖”的，应在其前加“壹”。也就是说，“2014-1-21”应写成“贰零壹肆年零壹月贰拾壹日”。

由此可见，会计票据上的日期的书写关键在于数字的书写，即阿拉伯数字和中文数字之间的转换，这与会计账簿中数字的书写要求差不多，因此不过多介绍。

票据日期书写示例如图 1-11 所示。

图 1-11　票据日期书写示例

【技能训练】

　　银行、单位和个人填写的各种票据和结算凭证是办理支付结算和现金收付的重要依据，直接关系到支付结算的准确、及时和安全。票据和结算凭证是银行、单位和个人凭以记载账务的会计凭证，是记载经济业务和明确经济责任的一种书面证明。

　　根据《规定》，填写票据和结算凭证，必须做到标准化、规范化，要要素齐全、数字正确、字迹清晰、不错漏、不潦草，防止涂改。

　　下面是几组综合性的训练，教师可安排一定的课时指导学生进行训练，或者复制训练题模板，让学生进行反复的训练，锤炼其基本功。

1. 阿拉伯数字书写练习

在字格内规范书写阿拉伯数字，字体要大小匀称，排列整齐。

（1）第一组。

0													
1													

2													
3													
4													
5													
6													
7													
8													
9													

（2）第二组。

0													
1													
2													

3														
4														
5														
6														
7														
8														
9														

（3）第三组。

0														
1														
2														
3														

续表

4													
5													
6													
7													
8													
9													

（4）第四组。

0													
1													
2													
3													
4													

5										
6										
7										
8										
9										

2. 中文数字书写练习

在方字格内正确书写中文数字，字迹要工整、清晰，字体大小匀称，排列整齐。

零										
壹										
贰										
叁										
肆										
伍										
陆										
柒										

续表

捌												
玖												
拾												
佰												
仟												
万												
亿												
元												
角												
分												
整												
正												

零												
壹												
贰												
叁												
肆												
伍												

续表

陆											
柒											
捌											
玖											
拾											
佰											
仟											
万											
亿											
元											
角											
分											
整											
正											

零											
壹											
贰											
叁											

肆														
伍														
陆														
柒														
捌														
玖														
拾														
佰														
仟														
万														
亿														
元														
角														
分														
整														
正														

3. 数字大小写转换练习

（1）请将下列阿拉伯数字转为中文数字。

① 56.67；

② 565,545.66;

③ 7,089.11;

④ 445,345.34;

⑤ 546,000.00。

（2）请将下列中文数字转为阿拉伯数字。

① 贰万叁仟肆佰贰拾叁；

② 捌万伍仟贰佰贰拾叁；

③ 伍拾陆万伍仟肆佰肆拾捌；

④ 捌仟柒佰陆拾捌万捌仟柒佰陆拾捌；

⑤ 陆佰伍拾柒万陆仟捌佰捌拾柒。

4. 人民币大小写转换

（1）请将下列阿拉伯数字转为中文数字。

① ￥16.43；

② ￥198,000.00；

③ ￥5,006.78；

④ ￥270,060.29；

⑤ ￥678,000.00。

（2）请将下列中文数字转为阿拉伯数字。

① 人民币柒拾万零陆仟元整；

② 人民币捌佰肆拾叁元贰角玖分；

③ 人民币伍仟捌佰陆拾陆万柒仟叁佰贰拾壹元整；

④ 人民币壹仟贰佰万零伍佰陆拾元零捌角贰分；

⑤ 人民币贰万叁仟陆佰捌拾元整。

5. 正确书写人民币金额

（1）小写：8,001,005.21 大写：＿＿＿＿＿＿＿＿＿＿＿＿＿＿＿

（2）小写：170,459.30 大写：＿＿＿＿＿＿＿＿＿＿＿＿＿＿＿

（3）大写：玖佰陆拾万零贰仟伍佰零捌元整 小写：＿＿＿＿＿＿＿＿＿＿

（4）大写：叁万零肆佰零柒元贰角 小写：＿＿＿＿＿＿＿＿＿＿＿＿

6. 金额书写正误判断

判断下表中小写金额及其对应的大写金额，书写和转换是否规范、正确。正确的在"正误"栏打"√",错误的在"正误"栏打"×"。

题号	小写金额	正误	大写金额	正误
1	￥5,700.35		人民币伍仟柒佰元叁角伍分	
2	￥820.—		人民币捌佰贰拾元	
3	￥50,006.0-		人民币五万零陆元整	
4	￥45,600.00		人民币肆万伍仟陆佰元整	
5	￥68,725.40		人民币陆万捌仟柒佰贰拾伍元肆角	
6	￥90,100.—		人民币玖万零壹佰元整	
7	31,430.89		人民币叁万壹仟肆佰叁拾叁元零捌角整	
8	100.71		人民币壹佰元柒角壹分整	
9	￥10.-6		人民币拾元零陆分	
10	￥7,000.—		人民币柒仟元整	
11	￥206		人民币贰佰零陆元整	
12	123.45		人民币壹佰贰拾叁元零肆角伍分	
13	￥5,100.00		人民币伍仟壹百元整	
14	￥11.—		人民币壹拾壹元	
15	20.80		贰拾元零捌角整	

7. 书写大小写金额

照例正确填写各行空缺的金额数字。

会计凭证、账表上的小写金额栏									原始凭证上的大写金额栏
没有数位分割线	有数位分割线								
	十	万	千	百	十	元	角	分	
￥186.50				1	8	6	5	0	人民币壹佰捌拾陆元伍角整
￥68,725.42									
￥910.—									
￥5,556.10									
￥45.70									
￥1,111.55									
￥700.01									
￥30,030.80									
￥800.91									

续表

会计凭证、账表上的小写金额栏									原始凭证上的大写金额栏
没有数位分割线	有数位分割线								
	十	万	千	百	十	元	角	分	
￥10.16									
￥70,000.10									
		8	2	2	1	5	9	7	
			9	0	0	0	4	7	
						1	7	4	
		8	0	3	5	7	0	8	
	8	6	0	1	0	4	0	0	
							4	8	1
		9	8	0	1	0	0	0	
		3	2	0	1	4	0	7	
		4	6	2	0	9	2	2	
	5	0	1	8	0	6	6	0	
				9	0	0	7	0	
									人民币陆仟叁佰元零伍分
									人民币贰佰伍拾肆元伍角整
									人民币陆万零捌佰元整
									人民币贰万零肆佰肆拾壹元伍角玖分
									人民币叁拾万元零壹分
									人民币壹仟壹佰零陆元零肆分
									人民币贰角整
									人民币柒万贰仟零壹拾陆元零贰分
									人民币壹佰元整
									人民币陆仟零陆元捌角叁分

8. 根据资料填写票据

××家具有限责任公司为一般纳税人。2013年8月3日，公司开出支票一张，从银行提取现金5,000元；2013年8月4日，公司开出转账支票60,000元，支付欠A公司材料款；2013年8月5日，业务部章×因出差向财务部预借差旅费2,300元。

公司有关会计人员——会计主管：周×；记账：赵×；出纳：王×；制证：李×；稽核：张×

开户银行：中国建设银行××支行

账号：01234567890

地址：××市××路 28 号

税务登记号：123456789012345

（1）填写现金支票。

中国建设银行 现金支票存根 No.33306368	中国建设银行现金支票 No. 33306368
附加信息 _____ _____ 出票日期　年月日 收款人： 金　额： 用　途： 单位主管　会计	出票日期（大写）　年　月　日　付款行名称： 收款人：．．．．．．．．　出票人账号： 本支票付款期限十天　人民币（大写）　百十万千百十元角分 用途_____ 上列款项请从 我账户内支付 出票人签章　复核　记账

（2）填写转账支票。

中国建设银行 转账支票存根 No.33888778	中国建设银行转账支票 No. 33888778
附加信息 _____ _____ 出票日期　年月日 收款人： 金　额： 用　途： 单位主管　会计	出票日期（大写）　年　月　日　付款行名称： 收款人：．．．．．．．．　出票人账号： 本支票付款期限十天　人民币（大写）　百十万千百十元角分 用途_____ 上列款项请从 我账户内支付 出票人签章　复核　记账

（3）填写借款单。

借　款　单

年　　月　　日　　　　字第　号

借款人		借款事由	
所属部门			
借款金额	金额（大写）		¥
批准金额	金额（大写）		¥

会计主管：　　　　出纳：　　　　借款人：

9. 正确填写支票

说明：日期 2013-12-30，金额 1,850,026.47 元。

中国工商银行 **转账支票**		（川）成都	BB00593700

出票日期（大写）	年 月 日	付款行名称：
收款人：		出票人账号：

人 民 币（大写）		亿	千	百	十	万	千	百	十	元	角	分

用途_____

上列款项请从
我账户内支付

出票人签章   复核   记账

【技能拓展】

会计凭证整理装订技能

会计凭证简称凭证，是指用以记录经济业务事项发生或完成情况、明确经济责任并作为登记账簿依据的书面证明。会计凭证按用途和填制程序可分为原始凭证和记账凭证。

（1）原始凭证又称单据，是指在经济业务事项发生或完成时取得或填制的，用作记账原始依据的会计凭证。它既可以作为经济业务事项发生或完成的初始证明，又可作为填制和审核记账凭证的直接依据，是经济业务事项真实性和合法性的书面证明，如销售发票、借款单、工资表等。

（2）记账凭证是会计人员根据审核无误的原始凭证，按照经济业务事项的内容加以归类，经确定会计分录后据以记账的凭证，可分为专用记账凭证和通用记账凭证两种形式。

会计人员的记账过程，就是一个对单据进行整理、归纳、分类、定性的过程。每一笔经济业务的发生，在财务上反映为单据的书面记载。单据的填写和单位的各个部门有关，财务部门需要根据单位制定财务制度，对单据的使用、填开等做出详尽的要求。而单据的整理等工作，则是会计人员必须谙熟的基本功之一。会计凭证整理与装订的好坏，不仅影响会计凭证的整齐美观，而且会直接影响会计资料的安全、完整及会计凭证的保管与调阅。

（一）会计凭证的整理

1. 对会计凭证进行检查

正常情况下，会计人员对日常发生的经济业务都应及时处理，按每项业务整理原始凭证并据以编制记账凭证。对会计凭证的检查要从以下几个方面进行：

（1）检查会计凭证及其附件是否齐全，编号从小到大是否连续，确保无误。

（2）凭证上的大头针、曲别针、订书钉要全部去掉。

（3）记账凭证上有关人员（如财务主管、复核、记账、制单等）的印章是否齐全。

（4）每张科目汇总表与所附记账凭证要装订在一起，不准跨月装订。

（5）原始凭证及其附件的纸张面积如果大于记账凭证，应以记账凭证为标准进行折叠，便于翻阅。

（6）凡是有汇总原始凭证的，其所附的原始凭证均属附件，数量过多的原始凭证可以单独装订保管（不包括发票），在封面上注明记账凭证日期、编号、种类，同时在记账凭证上注明原始凭证名称、编号及"附件另订"。

各种经济合同、存出保证金收据、涉外文件和上级批准文件等重要原始凭证，应当作为文书档案另编目录，单独登记保管，并在有关的记账凭证上注明日期和编号。

2. 对会计凭证进行加工整理

因为原始凭证的纸张面积有大有小，与记账凭证的纸张面积不可能完全一致，有的前者大于后者，有的后者大于前者，这就需要会计人员在制作会计凭证时对原始凭证加以适当整理，以便下一步装订成册。

（1）原始票据的粘贴是一项日常化的工作。所有票据一般使用胶棒、胶水等，在凭证粘贴单上粘牢左方的票头，把纸张大小相同、票面金额相同的发票粘在一起，纸张小的多张发票，从右至左粘贴到粘贴单上，两张票据不完全重合，便于翻找核对金额。

（2）对于纸张面积大于记账凭证的原始凭证，可按记账凭证的面积尺寸，先自右向左，再自下向上两次折叠。注意应把凭证的左上角或左侧面让出来，以便装订后，还可以展开查阅。

（3）对于纸张面积过小的原始凭证，一般不能直接装订，可先按一定次序和类别排列，粘在凭证粘贴单上，粘贴时以胶棒或胶水为宜。小票应分张排列，同类同金额的单据尽量粘在一起，在一旁注明张数和合计金额。如果是板状票证，可以将票面票底轻轻撕开，厚纸板弃之不用。

（4）原始凭证附在记账凭证后的顺序应与记账凭证所记载的内容顺序一致，不应按原始凭证的面积大小来排序。经过整理后的会计凭证，为汇总装订打好了基础。

会计凭证经过上述的加工整理之后就可以装订了。

（二）会计凭证的装订

会计凭证的装订是指把定期整理完毕的会计凭证按照编号顺序，外加封面、封底，装订成册。在封面上，应写明单位名称、年度、月份、专用记账凭证的种类、起讫日期、起讫号数，以及记账凭证的起止页数及张数，并在骑缝处加盖单位财务专用章及会计主管的骑缝图章。记账凭证封面格式如图 1-12 所示。

单位名称	年 月		
册数	第 册	本月共	册
起讫编号	自第 号至第	号止共计	张
起讫日期	自 年 月 日至	年 月	日

主管会计　　　　　　　　　　　　　　装订

图 1-12　记账凭证封面

对各种重要的原始单据，以及各种需要随时查阅和退回的单据，应另编目录，单独登记保管，并在有关的记账凭证和原始凭证上相互注明日期和编号。

会计凭证装订的要求是既美观大方又便于翻阅，所以在装订时要先设计好装订册数及每册的厚度。一般来说，一本凭证的厚度以 1.5~2.0 厘米为宜，太厚了不便于翻阅核查，太薄了又不利于戳立放置。凭证装订册数可根据凭证多少来定，原则上以月份为单位装订，每月订成一册或若干册。有些单位业务量小，凭证不多，也可以把若干个月份的凭证合并订成一册，只要在凭证封面注明本册所含的凭证月份即可。

为了使装订成册的会计凭证外形美观，在装订时要考虑到凭证的整齐均匀，特别是装订线的位置，可用纸折一些纸条或用薄纸片均匀地垫在此处，以保证其厚度与凭证中间的厚度一致。在这里介绍两种装订的方法：一是三针引线装订法；二是塑管热熔法。

1. 三针引线装订法

在会计凭证左侧与左边平行的装订线位置上打三个孔进行装订。具体操作步骤如下：

（1）把相关凭证整理整齐，记账凭证封面折叠放在待装订的记账凭证上面，以凭证的右侧为标准对齐，方向与凭证方向一致，用夹子夹紧，如图 1-13 所示。

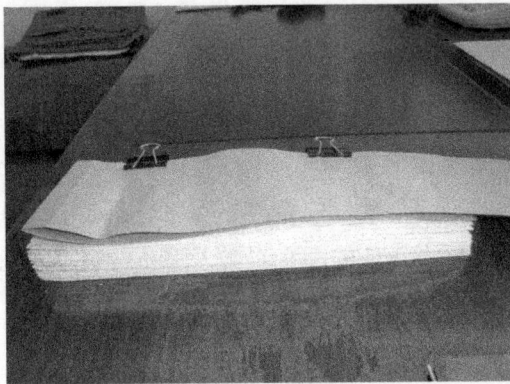

图 1-13 加凭证封皮

（2）在凭证左边装订线位置上用装订机分布均匀地打上三个针眼，如图 1-14 所示。

图 1-14 打孔

（3）用"三针引线法"装订。装订凭证应使用棉线，两头通过中孔拉紧，实行三眼一线在凭证的背面打结，结扣应是活的，线绳最好在凭证中端系上并放在凭证封皮的里面，装订时尽可能缩小所占部位，使记账凭证及其附件保持尽可能大的显露面，以便于事后查阅，如图 1-15 所示。

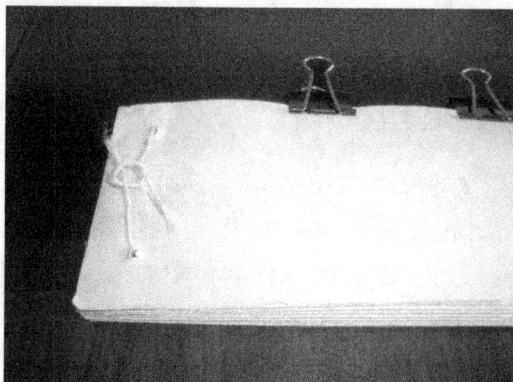

图 1-15　穿线

（4）把封面向后折叠，将背面的线绳扣粘牢，如图 1-16 所示。

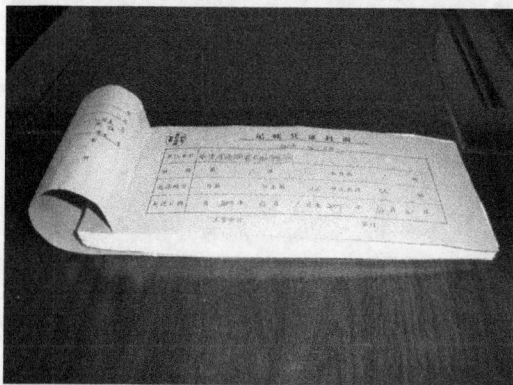

图 1-16　折叠并粘牢封面

（5）装订成册后，在凭证的脊背上面填写年、月、凭证号、目录号、保管期限等项目，封面上要注明单位名称、年度、月份和起止日期、凭证种类、起止号码等，要在骑缝处加盖单位财务章及会计人员小印章，如图 1-17 所示。

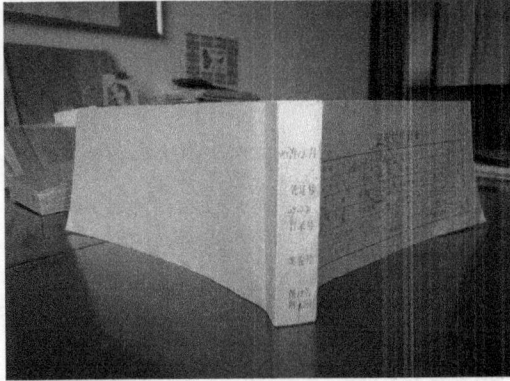

图 1-17　填写封脊与封面

（6）装订好的凭证如图 1-18 所示。

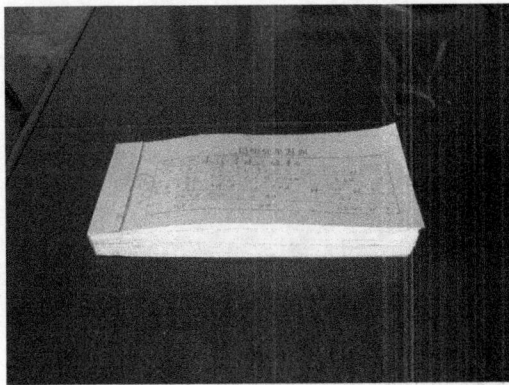

图 1-18　装订好的凭证

2. 塑管热熔法

（1）把记账凭证封面折叠放在待装订的记账凭证上面，以凭证的右侧为标准对齐，方向与凭证方向一致，用夹子夹紧。

（2）使用专用的塑管热熔机在凭证左边装订线位置上均匀地打上两个孔，如图 1-19 所示。

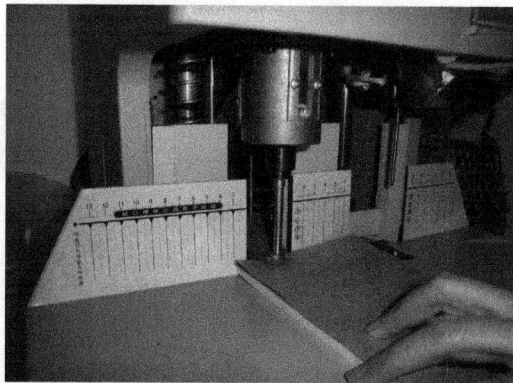

图 1-19　打孔

　　（3）将自动切下的热熔管放入打好的孔中，压下手柄进行热熔，如图 1-20 和图 1-21 所示。

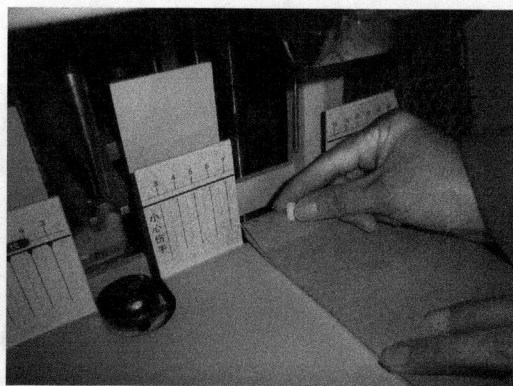

图 1-20　加热熔管

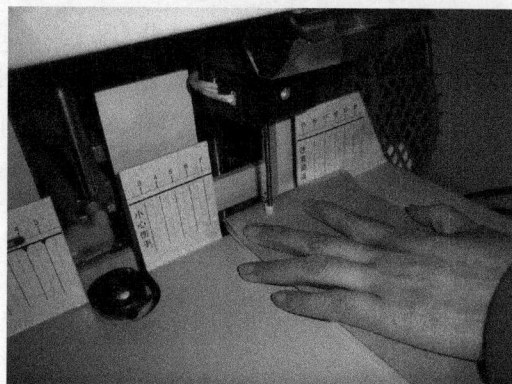

图 1-21　压封

（4）订好后的凭证如图1-22所示。

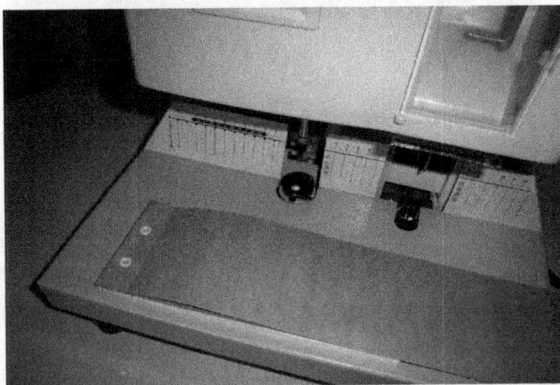

图1-22　压封后的凭证

（5）将凭证封底沿凭证左侧方向向后折在胶管处粘牢，封脊上年、月、凭证号、目录号、保管期限等项目与左侧面对齐并填写上述项目内容，如图1-23所示。

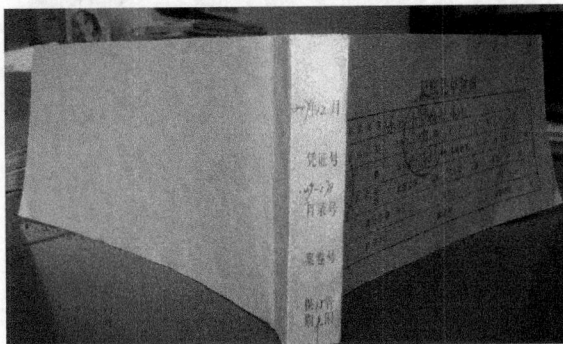

图1-23　填写封脊与封面

（6）装订成册后，封面上要注明单位名称、年度、月份和起止日期、凭证种类、起止号码等，要在骑缝处加盖单位财务章及会计人员小印章，如图1-24所示。

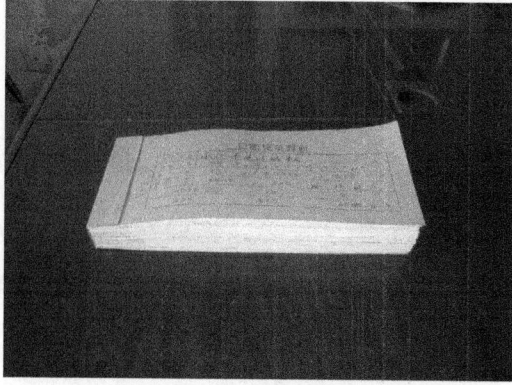

图 1-24 装订好的凭证

当年形成的凭证档案资料，在会计年度终了后，可暂由会计机构保管一年，如图 1-25 所示。期满之后，应当由会计机构编制移交清册，移交本单位档案机构统一保管。

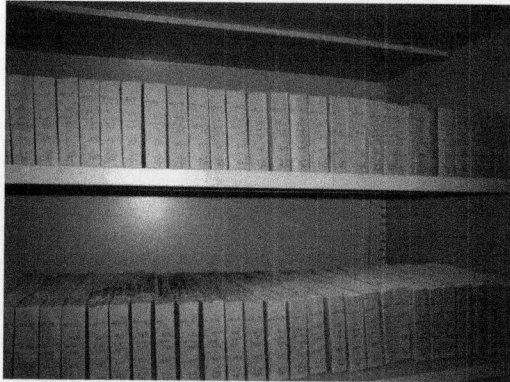

图 1-25 各月凭证

模块二　点钞技能实训

【课前导读】

钞票即纸币，是指代替金属货币进行流通，由国家发行并强制使用的货币符号。与金属货币相比，纸币的制作成本低，更易于保管、携带和运输，避免了铸币在流通中的磨损。

验钞和点钞都是从事会计工作必须具备的基本技能，其中点钞也是出纳工作最重要的一个组成部分。

课堂阅读

从交子到钞票

我国是世界上第一个使用纸币的国家。宋朝用的纸币，叫"交子"（见图 2-1）；元朝用的纸币叫"中统交钞"；到明朝，叫"大明宝钞"。清朝 1835 年发行了两种

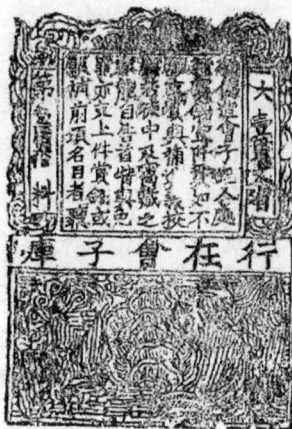

图 2-1 我国宋朝交子

纸币，一种叫"大清宝钞"，另一种叫"户都官票"，老百姓出行购物须带两种纸币。为了便于称呼，就把两种纸币简称为"钞票"。钞票名称就是从那时候叫起来的。

我国现行的人民币是第五套人民币（见图2-2）。为适应经济发展和市场货币流通的要求，1999年10月1日，在中华人民共和国成立50周年之际，中国人民银行陆续发行第五套人民币（1999年版）。第五套人民币继承了中国印制技术的传统经验，借鉴了国外钞票设计的先进技术，在防伪性能和适应货币处理现代化方面有了较大提高。各面额货币正面均采用新中国成立初期的毛泽东主席头像，底衬采用了中国著名花卉图案，背面主景图案通过选用有代表性的寓有民族特色的图案，充分体现了中国悠久的历史和壮丽的山河，弘扬了中国伟大的民族文化。

图2-2　我国现行第五套人民币（纸币）

因为社会上很多不法分子制作假钞，严重扰乱了市场经济秩序，所以会计从业人员有必要对接收到的钞票进行检验，即为验钞，也就是鉴别假币。鉴别假币的基本方法可分为直观法和借助仪器鉴别法两种，直观法就是利用手和经验来判断鉴别真伪，归纳起来有"看、摸、听、比"等几种方式；而仪器鉴别法则是利用紫光灯、磁性鉴别仪（验钞机、点钞机等）和放大镜等仪器进行鉴定。

点钞是指按照一定的方法查清票币的数额，即整理、清点钞票，使进出钞票的数量和质量得到保证。在银行，点钞一般泛指清点各种票币，又称票币整点。点钞技术是随着纸币的产生而产生的，也随着纸币的产生和金融事业的发展而发展。而且，银行现金业务的与日俱增，为点钞技术的发展开辟了广阔的天地，各种点钞方法随之相继出现。到20世纪80年代，财会金融行业领域已逐步形成具有银行特点的点钞方法。

注意：点钞是运用手持式或点钞机进行准确、快速清点钞券的一门技术。会计职业入门的点钞技能要求是：能掌握运用点钞机点钞、验钞的技能，能熟练运用手持式点钞法，掌握单指单张点钞、多指多张点钞、扇面式点钞等点钞技能和方法。

【教学目标】

基本目标	具体目标
1. 掌握鉴别人民币真伪的基本技能	① 了解我国第五套人民币的基本常识 ② 熟悉我国第五套人民币主要面值的情况 ③ 掌握我国第五套人民币的防伪特征及鉴别技巧
2. 掌握验钞的基本技能	① 熟悉我国假币的种类和特征 ② 掌握识别假币的各种技巧 ③ 掌握验钞机的使用方法
3. 掌握点钞的基本技能	① 掌握点钞的基本要领 ② 掌握手持式单指单张点钞技能 ③ 掌握手持式单指多张点钞技能 ④ 掌握手持式多指多张点钞技能 ⑤ 掌握手按式单指单张点钞技能 ⑥ 掌握手按式多指多张点钞技能 ⑦ 了解扇面式点钞法的技能要点

单元一　验钞技能

只有了解了所验钞票的情况，才能正确地验好钞票。因此，在介绍验钞技能之前，先介绍我国目前流通的第五套人民币的常识。

一、我国第五套人民币常识

1999 年 10 月 1 日，在中华人民共和国成立 50 周年之际，根据中华人民共和国国务院第 268 号令，中国人民银行陆续发行第五套人民币。

第五套人民币共八种面额，即 100 元、50 元、20 元、10 元、5 元、1 元、5 角、1 角，根据市场流通中低面额主币主要承担找零角色的状况，后来又增加了 20 元面额，取消了 2 元面额，使面额结构更加合理。

第五套人民币采取"一次公布，分次发行"的方式。1999 年 10 月 1 日，首先发行了 100 元纸币；2000 年 10 月 16 日发行了 20 元纸币、1 元和 1 角硬币；2001 年 9 月 1 日，发行了 50 元、10 元纸币；2002 年 11 月 18 日，发行了 5 元纸币、5 角硬币；2004 年 7 月 30 日，发行了 1 元纸币。为了提高第五套人民币的印刷工艺和防伪技术水平，中国人民银行于 2005 年 8 月 31 日发行了第五套人民币 2005 年版 100 元、50 元、20 元、10 元、5 元纸币和不锈钢材质 1 角硬币。

第五套人民币纸币发行简介如表 2-1 所示。

表 2-1　第五套人民币纸币一览表

券别	图案		主色调	发行时间
	正面	背面		
100 元纸币	毛泽东头像	人民大会堂	红色	1999. 10. 1
100 元纸币	毛泽东头像	人民大会堂	红色	2005. 8. 31
50 元纸币	毛泽东头像	布达拉宫	绿色	2001. 9. 1

券别	图案		主色调	发行时间
	正面	背面		
50 元纸币	毛泽东头像	布达拉宫	绿色	2005.8.31
20 元纸币	毛泽东头像	桂林山水	棕色	2000.10.16
20 元纸币	毛泽东头像	桂林山水	棕色	2005.8.31
10 元纸币	毛泽东头像	长江三峡	蓝黑色	2001.9.1
10 元纸币	毛泽东头像	长江三峡	蓝黑色	2005.8.31
5 元纸币	毛泽东头像	泰山	紫色	2002.11.18
5 元纸币	毛泽东头像	泰山	紫色	2005.8.31
1 元纸币	毛泽东头像	西湖	橄榄绿	2004.7.30

第五套人民币纸币的样票如图 2-3 所示。

图 2-3　第五套人民币纸币样票（2005 年）

第五套人民币纸币各面额正面均采用毛泽东新中国成立初期的头像，底衬采用了我国著名花卉图案，背面主景图案分别选用了人民大会堂、布达拉宫、桂林山水、长江三峡、泰山、杭州西湖。通过选用有代表性的寓有民族特色的图案，充分体现了我们伟大祖国悠久的历史和壮丽的山河，弘扬了伟大的民族文化。

第五套人民币硬币发行简介如表 2-2 所示。

表 2-2 第五套人民币硬币一览表

券别	图案		材质	直径（毫米）	发行时间
	正面	背面			
1元硬币	行名、面额、拼音、年号	菊花	钢芯镀镍	25	2000.10.16
5角硬币	行名、面额、拼音、年号	荷花	钢芯镀铜合金	20.5	2002.11.18
1角硬币	行名、面额、拼音、年号	兰花	铝合金	19	2000.10.16
1角硬币	行名、面额、拼音、年号	兰花	不锈钢	19	2005.8.31

注意：在会计行业，验钞一般验的是纸币，所以本书着重介绍人民币纸币的检验方法。

课堂阅读

我国的"国家名片"

货币历来便有"国家名片"之称。《中国人民银行法》第 3 章第 15 条规定："中华人民共和国的法定货币是人民币。"

中华人民共和国货币自发行以来，已发行了五套人民币，形成纸币与金属币、普通纪念币与贵金属纪念币等多品种、多系列的货币体系。

1948 年 12 月 1 日开始发行第一套人民币。

1955 年 3 月 1 日开始发行第二套人民币。

1962 年 4 月 15 日开始发行第三套人民币。

1987 年 4 月 27 日开始发行第四套人民币。

1999 年 10 月 1 日起在全国陆续发行第五套人民币，被称为 1999 年版第五套人民币。

2005 年 8 月 31 日对第五套人民币进行了一定的改版，被称为 2005 年版第五套人民币。

除了纸币和硬币以外，我国还发行纪念币（见图 2-4）。纪念币是具有特定主题，限量发行的人民币。它分为普通纪念币和贵金属纪念币。

图 2-4 纪念币（左为金质纪念币，右为书法纪念币）

中国人民银行从 1984 年发行第一套普通纪念币至 2005 年 1 月 26 日，共发行了 57 套 72 枚（张）普通纪念币，总发行量约 6.9 亿枚（张）。这些纪念币选题丰富多彩，设计独具匠心，规格材质多种多样，图案新颖美观，面额不等。题材有事件、会议、人物、动物，涉及政治、法律、体育、教育、环保、金融等多方面，将中华人民共和国 50 多年的辉煌成就及重要事件浓缩于纪念币的方寸之间。这些纪念币是我国人民币系列的重要组成部分，丰富和完善了我国的货币制度，弘扬了我国的货币文化，并不断探索和创新，为促进商品流通和经济发展、扩大对外交流发挥了积极作用。

二、我国第五套人民币纸币详细介绍

第五套人民币纸币继承了我国印制技术的传统经验，借鉴了国外钞票设计的先进技术，在原材料工艺方面做了改进，提高了纸张的综合质量和防伪性，固定水印立体感强、形象逼真。磁性微缩文字安全线、彩色纤维、无色荧光纤维等在纸张中有机运用，并且采用了电脑辅助设计手工雕刻、电子雕刻和晒版腐蚀相结合的综合制版技术。第五套人民币纸币特别是在二线和三线防伪方面采用了国际通用的防伪措施，为专业人员和研究人员鉴别真伪提供了条件。

与第四套人民币纸币相比，第五套人民币纸币的防伪技能由十几种增加到 20 多种，主景人像、水印、面额数字均较以前放大，便于群众识别。第五套人民币纸币应用了先进的科学技术，在防伪性能和适应货币处理现代化方面有了较大提高，下面将对 100 元纸币、50 元纸币、20 元纸币和 10 元纸币进行详细的介绍。

（一）人民币 100 元（2005 年版）

人民币 100 元（2005 年版）票样详细介绍如图 2-5 所示。

图 2-5 人民币 100 元（2005 年版）票样（上图为正面，下图为反面）

1. 第五套人民币 100 元纸币 2005 年版与 1999 年版的相同之处

2005 年版第五套人民币 100 元纸币规格、主景图案、主色调、"中国人民银行"行名和汉语拼音行名、面额数字、花卉图案、国徽、盲文面额标记、民族文字等票面特征，固定人像水印、手工雕刻头像、胶印微缩文字、雕刻凹版印刷等防伪特征，均与现行流通的 1999 年版的第五套人民币 100 元纸币相同。

2. 第五套人民币 100 元纸币 2005 年版与 1999 年版的不同之处

（1）调整防伪特征布局。正面左下角胶印对印图案调整到正面主景图案左侧中间处，光变油墨面额数字左移至原胶印对印图案处。背面右下角胶印对印图案调整到背面主景图案右侧中间处。

（2）调整以下防伪特征：

① 隐形面额数字——调整隐形面额数字观察角度。正面右上方有一装饰性图案，将票面置于与眼睛接近平行的位置，面对光源做上下倾斜晃动，可以看到面额数字"100"字样。

② 全息磁性开窗安全线——将原磁性微缩文字安全线改为全息磁性开窗安全线。背面中间偏右，有一条开窗安全线，开窗部分可以看到由微缩字符"￥100"组成的全息图案，仪器检测有磁性。

③ 双色异形横号码——将原横竖双号码改为双色异形横号码。正面左下角印有双色异形横号码，左侧部分为暗红色，右侧部分为黑色。字符由中间向左右两边逐渐变小。

（3）增加以下防伪特征：

① 白水印——位于正面双色异形横号码下方，迎光透视，可以看到透光性很强的水印"100"字样。

② 凹印手感线——正面主景图案右侧，有一组自上而下规则排列的线纹，采用雕刻凹版印刷工艺印制，用手指触摸，有极强的凹凸感。

（4）取消纸张中的红、蓝彩色纤维。

（5）背面主景图案下方的面额数字后面，增加人民币单位元的汉语拼音"YUAN"，年号改为"2005年"。

课堂讨论

讨论准备：4人一组，提前找齐第五套人民币1999年版和2005年版100元纸币各一张。

讨论内容：查找第五套人民币1999年版和2005年版100元纸币的异同点。

讨论要点：结合所学知识要点，仔细比较这两版纸币每个细节的异同点，逐条总结成归纳性文字，教师汇集总结要点，形成集体讨论意见。

（二）人民币50元（2005年版）

人民币50元（2005年版）票样详细介绍如图2-6所示。

图 2-6　人民币 50 元（2005 年版）票样（上图为正面，下图为反面）

1. 第五套人民币 50 元纸币 2005 年版与 1999 年版的相同之处

2005 年版第五套人民币 50 元纸币规格、主景图案、主色调、"中国人民银行"行名和汉语拼音行名、面额数字、花卉图案、国徽、盲文面额标记、民族文字等票面特征，固定人像水印、手工雕刻头像、胶印微缩文字、雕刻凹版印刷等防伪特征，均与现行流通的 1999 年版的第五套人民币 50 元纸币相同。

2. 第五套人民币 50 元纸币 2005 年版与 1999 年版的不同之处

（1）调整防伪特征布局。正面左下角胶印对印图案调整到正面主景图案左侧中间处，光变油墨面额数字左移至原胶印对印图案处。背面右下角胶印对印图案调整到背面主景图案右侧中间处。

（2）调整以下防伪特征：

① 隐形面额数字——调整隐形面额数字观察角度。正面右上方有一装饰性图案，将票面置于与眼睛接近平行的位置，面对光源做上下倾斜晃动，可以看到面额数字"50"字样。

② 全息磁性开窗安全线——将原磁性微缩文字安全线调整为全息磁性开窗安全线。背面中间偏右，有一条开窗安全线，开窗部分可以看到由微缩字符"￥50"组成的全息图案，仪器检测有磁性。

③ 双色异形横号码——取消原横竖双号码中的竖号码，将横号码改为双色异形横号码。正面左下角印有双色异形横号码，左侧部分为暗红色，右侧部分为黑色。字符由中间向左右两边逐渐变小。

（3）增加以下防伪特征：

① 白水印——位于正面双色异形横号码下方，迎光透视，可以看到透光性很强的水印"50"字样。

② 凹印手感线——正面主景图案右侧，有一组自上而下规则排列的线纹，采用雕刻凹版印刷工艺印制，用手指触摸，有极强的凹凸感。

（4）取消纸张中的红、蓝彩色纤维。

（5）背面主景图案下方的面额数字后面，增加人民币单位元的汉语拼音"YUAN"，年号改为"2005年"。

课堂讨论

讨论准备：4人一组，提前找齐第五套人民币1999年版和2005年版50元纸币各一张。

讨论内容：查找第五套人民币1999年版和2005年版50元纸币的异同点。

讨论要点：结合所学知识要点，仔细比较这两版纸币每个细节的异同点，逐条总结成归纳性文字，教师汇集总结要点，形成集体讨论意见。

（三）人民币20元（2005年版）

人民币20元（2005年版）票样详细介绍如图2-7所示。

图 2-7 人民币 20 元（2005 年版）票样（上图为正面，下图为反面）

1. 第五套人民币 20 元纸币 2005 年版与 1999 年版的相同之处

2005 年版第五套人民币 20 元纸币规格、主景图案、主色调、"中国人民银行"行名和汉语拼音行名、面额数字、花卉图案、国徽、盲文面额标记、民族文字等票面特征，固定花卉水印、手工雕刻头像、胶印微缩文字、双色横号码等防伪特征，均与现行流通的 1999 年版的第五套人民币 20 元纸币相同。

2. 第五套人民币 20 元纸币 2005 年版与 1999 年版的不同之处

（1）调整以下防伪特征：

① 雕刻凹版印刷——背面主景图案桂林山水、面额数字、汉语拼音行名、民族

文字、年号、行长章等均采用雕刻凹版印刷，用手指触摸，有明显凹凸感。

② 隐形面额数字——调整隐形面额数字观察角度。正面右上方有一装饰性图案，将票面置于与眼睛接近平行的位置，面对光源做上下倾斜晃动，可以看到面额数字"20"字样。

③ 全息磁性开窗安全线——将原安全线改为全息磁性开窗安全线。正面中间偏左，有一条开窗安全线，开窗部分可以看到由微缩字符"￥20"组成的全息图案，仪器检测有磁性。

（2）增加以下防伪特征：

① 白水印——位于正面双色横号码下方，迎光透视，可以看到透光性很强的水印"20"字样。

② 胶印对印图案——正面左下角和背面右下角均有一圆形局部图案，迎光透视，可以看到正背面的局部图案合并为一个完整的古钱币图案。

③ 凹印手感线——正面主景图案右侧，有一组自上而下规则排列的线纹，采用雕刻凹版印刷工艺印制，用手指触摸，有极强的凹凸感。

（3）取消纸张中的红、蓝彩色纤维。

（4）取消正面原双色横号码下方的装饰性图案；背面主景图案下方的面额数字后面，增加人民币单位元的汉语拼音"YUAN"，年号改为"2005年"。

课堂讨论

讨论准备：4人一组，提前找齐第五套人民币1999年版和2005年版20元纸币各一张。

讨论内容：查找第五套人民币1999年版和2005年版20元纸币的异同点。

讨论要点：结合所学知识要点，仔细比较这两版纸币每个细节的异同点，逐条总结成归纳性文字，教师汇集总结要点，形成集体讨论意见。

（四）人民币10元（2005年版）

人民币10元（2005年版）票样详细介绍如图2-8所示。

图 2-8　人民币 10 元（2005 年版）票样（上图为正面，下图为反面）

1. 第五套人民币 10 元纸币 2005 年版与 1999 年版的相同之处

2005 年版第五套人民币 10 元纸币规格、主景图案、主色调、"中国人民银行"行名和汉语拼音行名、面额数字、花卉图案、国徽、盲文面额标记、民族文字等票面特征，固定花卉水印、手工雕刻头像、胶印微缩文字、双色横号码等防伪特征，均与现行流通的 1999 年版的第五套人民币 10 元纸币相同。

2. 第五套人民币 10 元纸币 2005 年版与 1999 年版的不同之处

（1）调整了隐形面额数字的观察角度。面对光源上下晃动，即可看到。

（2）增加了凹印手感线。

（3）取消了纸张中的红、蓝纤维。

（4）背面主景图案下方的面额数字后面，增加了人民币单位元的汉语拼音"YUAN"，年号改为"2005 年"。

课堂讨论

讨论准备：4 人一组，提前找齐第五套人民币 1999 年版和 2005 年版 10 元纸币各一张。

讨论内容：查找第五套人民币 1999 年版和 2005 年版 10 元纸币的异同点。

讨论要点：结合所学知识要点，仔细比较这两版纸币每个细节的异同点，逐条总结成归纳性文字，教师汇集总结要点，形成集体讨论意见。

第五套人民币 5 元纸币和 1 元纸币由于面额较小，防伪技术运用较少，所以不做重点介绍，掌握了上文介绍的 100 元纸币、50 元纸币、20 元纸币和 10 元纸币的一些特点，很容易辨别 5 元纸币和 1 元纸币的真伪。

课堂阅读

5 元纸币和 1 元纸币

在第五套人民币中，5 元纸币 2005 年版和 1999 年版的异同如下所述：

（1）相同之处。第五套 2005 年版人民币 5 元纸币规格、主景图案、主色调、"中国人民银行"行名和汉语拼音行名、面额数字、花卉图案、国徽、盲文面额标记、民族文字等均与 1999 年版 5 元纸币相同。

（2）不同之处。票面正面增加了凹印手感线，背面左下方增加了汉语拼音"YUAN"，年号为"2005 年"；内部增加了特种标记和防复印技术，调整了隐形面额数字、凹印缩微文字、专用纸张。

在第五套人民币中，1 元纸币目前只有"1999 年"年号版。一般认为，1999 年版 1 元纸币的版式设计基本与各种 2005 年版纸币类似，而与其他 1999 年版纸币有明显区别，可以说它是 2005 年版纸币发行前的一个最终设计定案。

1 元纸币的票面特征为：主色调为橄榄绿色，票幅长 130 毫米、宽 63 毫米。正面主景为毛泽东头像，左侧为"中国人民银行"行名、阿拉伯数字"1"、面额"壹圆"和花卉图案，左上角为中华人民共和国国徽图案，左下角印有双色横号码，右下角为盲文面额标记。背面主景为西湖图案，左下方印有面额"1YUAN"，右上方为"中国人民银行"汉语拼音字母和蒙、藏、维、壮四种民族文字的"中国人民银行"字样和面额。

【技能训练】

宣传人民币知识，从我做起

训练主题：模拟第五套人民币常识讲演。

训练准备：第五套人民币纸币 1999 年版和 2005 年版各一套（如搜集不齐可用彩色图片替代）、PPT（图片、视频）、讲义材料等。

训练内容：安排 1 个课时，提前邀请 3 名学生以银行义务宣传员的身份登台讲演（每次讲演控制在 8 分钟），分别从三个方面（如纸币的产生过程、人民币的发行情况、人民币的图案变化情况等）介绍人民币的常识；台下学生以听众身份参与讲座，在每一个讲座完毕之后进行疑难咨询，事后对其中一场讲演进行无记名评价（见表 2-3）；教师以主持人身份控制场面，完场点评讲演。

表 2-3　讲演评价表

讲演题目		评分
评价项目	评　语	（满分 10 分）
题目切入点/2 分		
内容连贯性/2 分		
内容启发性/2 分		
演示手段/1 分		
谈吐、姿态/2 分		
时间控制/1 分		
总体评价：		总分：

三、第五套人民币防伪特征归纳

1. 水印

第五套人民币 50 元、100 元为毛泽东人头像固定水印；1 元、5 元、10 元、20 元为花卉固定水印。第五套人民币各券别纸币的固定水印位于各券别纸币票面正面左侧的空白处，迎光透视，可以看到立体感很强的水印，如图 2-9 所示。

图 2-9　水印（见圈中头像）

课堂阅读

水　印

水印是指在造纸过程中形成的，"夹"在纸中而不是在纸的表面，迎光透视时可以清晰看到有明暗纹理的图形、人像或文字。它是纸张在生产过程中用改变纸浆纤维密度的方法而制成的。水印有两种形式：一种为满版水印，即水印图案在票面中不固定，散布在钞纸各个部位，如同花布一样；另一种为固定水印，即水印图案固定在票面的某一固定位置，常以人物头像或国家的重要标志物为画面题材。

水印是钞票纸的一个重要组成部分，是钞票的主要防伪措施之一，其生产在多数国家是受法律限制的。同时，它又是一种高精度的艺术品，是技术与艺术的高度结合。水印纸与正常的纸张相比，水印的暗部纤维密度高，亮的地方纤维密度低，透过光线识别最为清晰。所以，真正的水印效果只能在制造纸张时才获得，伪造是困难的。一些伪币制造者用压印、涂白或印刷等手段搞出一个似乎带有明暗的假水印，只要稍具水印知识，是很容易识破的。

水印是由 13 世纪意大利造纸专家最先发明和制成的，距今已有近 700 年的历史了。一般在制造水印时，需要在盛纸浆的帘子上刻上图案花纹，由于花纹的凸出与纸凹的纹路不同，所以制造出来的纸张上便显示出了原来的设计图样。我国于 1960 年制造出第一张国产水印纸。后来，经过工艺师、雕刻家和工人们的通力合作，才制造出我国第一种有水印的钞票纸，其水印最复杂的是天安门图案。由于掌握了比较复杂的水印技术，所以我国从 1965 年起在中国人民银行发行的人民币上就分别印有天安门、五角星图案的水印。

2. 红、蓝彩色纤维（2005 年版取消）

在第五套人民币 100 元、50 元、20 元、10 元、5 元的票面上，可看到纸张中水印处随机分布有红色和蓝色纤维。

3. 安全线

第五套人民币在各券别票面正面中间偏左，均有一条安全线。第五套人民币 100 元、50 元为磁性微缩文字安全线，迎光透视，分别可以看到"RMB100"、"RMB50"的微小文字；20 元为明暗相间的磁性安全线，迎光透视，是一条明暗相间的安全线；10 元、5 元为开窗安全线，即安全线局部埋入纸张中，局部裸露在纸面上，开窗部分分别可以看到由微缩字符"￥10"、"￥5"组成的全息图案。第五套人民币 100 元的安全线如图 2-10 所示。

图 2-10　安全线

4. 手工雕刻头像

第五套人民币纸币正面主景毛泽东头像（见图2-11），均采用手工雕刻凹版印刷工艺，形象逼真、传神，凹凸感强。

图 2-11 头像

5. 隐性面额数字

第五套人民币纸币正面右上方有一装饰图案，将票面置于与眼睛接近平行的位置，面对光源作平面旋转45度或90度角，可看到面额数字字样，如图2-12所示。

图 2-12 隐性面额数字（见圈中数字）

6. 光变面额数字

第五套人民币50元、100元正面左下方用新型光变油墨印刷了面额数字，将垂直观察的票面倾斜到一定角度时，100 元券的面额数字会由绿色变为蓝色，50 元券的面额数字会由金色变为绿色，如图 2-13 所示。

图 2-13　光变面额数字

7. 阴阳互补对印图案

第五套人民币纸币正面左下角和背面右下方各有一圆形局部图案，透光观察，两幅图案准确对接，正背面图案组成一个完整的古钱币图案，如图 2-14 所示。

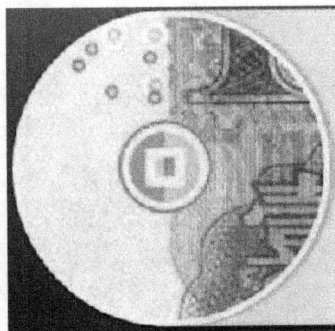

图 2-14　阴阳互补对印图案

8. 雕刻凹版印刷

第五套人民币"中国人民银行"行名、面额数字、盲文面额标记、凹印手感线等均采用雕刻凹版印刷，用手指触摸有明显凹凸感。

9. 号码（凸印）

第五套人民币 100 元为横竖双号码（1999 年版），横号为黑色，竖号为蓝色；20 元、10 元、5 元为双色横号码（左半部分为红色，右半部分为黑色）。

10. 胶印缩微文字

第五套人民币纸币各券别正面胶印图案中，多处印有缩微文字，100 元微缩文字为"RMB"和"RMB100"（见图 2-15）；50 元微缩文字为"50"和"RMB50"；20 元微缩文字为"RMB20"；10 元微缩文字为"RMB10"；5 元微缩文字为"5"和"RMB5"。

图 2-15　胶印微缩文字

11. 专用纸张

第五套人民币纸币采用特种原材料由专用抄造设备抄制的印钞专用纸张印制，在紫外光下无荧光反应。

12. 变色荧光纤维（2005 年版取消）

第五套人民币纸币在特定波长的紫外光下可以看到纸张中随机分布有黄色和蓝色荧光纤维。

13. 无色荧光图案

第五套人民币纸币在正面行名下方胶印底纹处，在特定波长的紫外光下可以看到面额字样，该图案采用无色荧光油墨印刷，可供机读。

14. 有色荧光图案

第五套人民币 100 元背面主景上方椭圆形图案中的红色纹线，在特定波长的紫外光下显现明亮的橘黄色；20 元券背面的中间在特定波长的紫外光下显现绿色荧光图案。

15. 胶印接线印刷

第五套人民币 100 元正面左侧的中国传统图案是用胶印接线技术印刷的，每根线均由两种以上的颜色组成。

16. 凹印接线印刷

第五套人民币 100 元背面面额数字"100"、20 元正面左侧面额数字"20"是采用凹印接线技术印刷的，两种墨色对接自然完整。

17. 防复印图案（2005 年版增加）

2005 年版第五套人民币各面额纸币的水印周围，有一些特殊排列的圆圈（见图 2-16），其作用是防止纸币被复印或打印。很多彩色复印机、扫描仪、打印机和图像处理软件（如 Photoshop）均有识别此特殊图案的功能，发现带此图案的原稿就会拒绝复印或打印。

图 2-16　防复印图案（见圈中圆圈）

18. 凹印手感线（2005 年版增加）

2005 年版第五套人民币各面额纸币（包括 1999 年版 1 元纸币）的右侧，自上而下、有规律地排列着一列线条（见图 2-17），用手触摸时，凹凸感明显。

图 2-17 凹印手感线（见圈中线条）

四、如何识别假币

（一）假币的种类

假币是指伪造、变造的货币。要正确识别假币，首先必须要知道假币的种类及主要特征。由假币的定义可知，假币分为伪造的货币和变造的货币两种。

（1）伪造的货币是指仿照真币的图案、形状、色彩等，采用各种手段制造的假币。伪造的货币主要包括机制假币、拓印假币、彩色复印假币、手工描绘或手工刻板印制的假币、照相假币、铸造假币等。

（2）变造的货币是指在真币的基础上，利用挖补、揭层、涂改、拼凑、移位、重印等方法制作，改变真币原形态的假币。变造的货币主要有剪贴变造币和揭页变造币。

课堂阅读

假币诈骗案

2010 年 8 月，江苏省南京市高淳警方破获连环使用假币诈骗案，抓获犯罪嫌疑人 4 名，缴获 "PX8339" 冠字号码 100 元假币 8.1 万元和作案车辆 2 辆。此案件主要发生在城郊结合部和农村地区，作案对象主要是农村地区的小商铺，犯罪嫌疑人以购买香烟为名，趁店主不备，将付款真币换成假币，犯罪方式具有典型意义。该冠字号码假币伪造技术低劣，造假痕迹明显，人工及点钞机均可识别。

（二）识别假币的方法

虽然说假币诈骗的形式多种多样，但是只要公众熟悉人民币防伪特征、提高防范意识、对交易中不法分子的不正常举动能引起足够警觉，就完全能够避免假币的侵害。在遭遇假币诈骗时还应学会机智应对，既能保证自己不受人身伤害，又可以充分保留证据，将不法分子绳之以法。

识别假币的基本方法有一句口诀，即"一看，二摸，三听，四测"。下面结合第五套人民币的情况做具体介绍。

1. 看

"看"即察看钞票的水印是否清晰，安全线是否迎光清晰可见，光变油墨是否变色正常，票面图案是否清晰鲜艳，图案线条、微缩文字是否清晰干净。

（1）看水印。第五套人民币各面值纸币的固定水印位于各券别纸币票面正面左侧的空白处，迎光透视，可以看到立体感很强的水印。100元、50元纸币的固定水印为毛泽东头像，20元、10元、5元纸币的固定水印为花卉图案，如图2-18所示。

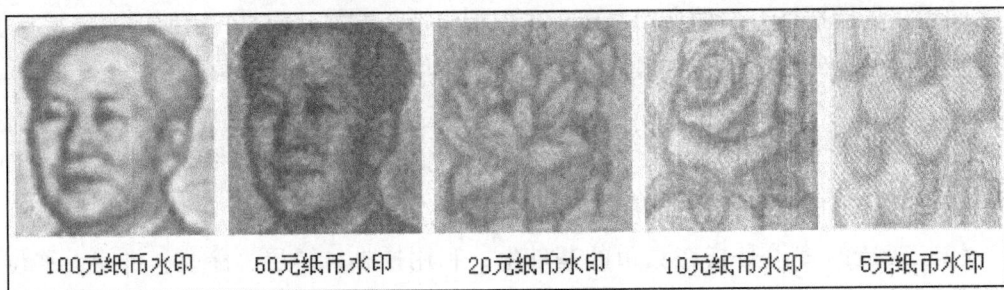

| 100元纸币水印 | 50元纸币水印 | 20元纸币水印 | 10元纸币水印 | 5元纸币水印 |

图2-18　第五套人民币各面值水印

（2）看安全线。第五套人民币纸币在各券别票面正面中间偏左，均有一条安全线，如图2-19所示。100元、50元纸币的安全线迎光透视，分别可以看到缩微的"RMB100"、"RMB50"字样，仪器检测均有磁性；20元纸币迎光透视，是一条明暗相间的安全线；10元、5元纸币安全线为全息磁性开窗式安全线，即安全线局部埋入纸张中，局部裸露在纸面上。

（3）看光变油墨。第五套人民币100元券和50元券正面左下方的面额数字采用光变墨印刷。将垂直观察的票面倾斜到一定角度时，100元券的面额数字会由绿色变为蓝色，50元券的面额数字则会由金色变为绿色（见图2-13）。

| 100元纸币安全线 | 50元纸币安全线 | 20元纸币安全线 | 10元纸币安全线 | 5元纸币安全线 |

图 2-19　第五套人民币各面值安全线

（4）看票面图案。第五套人民币纸币的阴阳互补对印图案应用于 100 元、50 元和 10 元券中。这三种面值纸币的正面左下方和背面右下方都印有一个圆形局部图案，迎光透视，两幅图案准确对接，组合成一个完整的古钱币图案（见图 2-14）。辨别纸币的真伪时，要看阴阳互补对印图案是否清晰，色彩是否鲜艳，对接图案是否可以对接上。

（5）看图案线条、微缩文字。第五套人民币纸币各券别正面胶印图案中，多处均印有微缩文字（见图 2-15）。100 元纸币微缩文字为 "RMB" 和 "RMB100"；50 元纸币为 "50" 和 "RMB50"；20 元纸币为 "RMB20"；10 元纸币为 "RMB10"；5 元纸币为 "RMB5" 和 "5"。辨别纸币的真伪时，可用 5 倍以上放大镜观察票面，看图案线条、缩微文字是否清晰干净。

2. 摸

"摸"即摸人像、盲文点，摸纸币厚度。真币票面上 "中国人民银行" 行名、盲文、国徽等图案凹凸感很明显，手感光洁、厚薄均匀并有韧性，特别是人像处采用雕刻技术，可以感觉到人像发丝的层次感。但是，假币票面上人像头发处很光滑，且纸张厚薄不均，手感粗糙、松软，还有的表面涂有蜡状物，手摸上去有打滑的感觉。

（1）摸人像、盲文点。第五套人民币纸币各面值纸币正面主景均为毛泽东头像，采用手工雕刻凹版印刷工艺，形象逼真、传神，凹凸感强，易于识别，而且 "中国人民银行" 的字样有凹凸感。另外，第五套人民币纸币各面值纸币正面都有盲文点，摸上去也有凹凸感，如图 2-20 所示。

图 2-20　第五套人民币各面值盲文点（见圈中盲文点）

（2）摸纸币厚度。人民币真币采用特殊纸张印制，有一种布质的感觉，有一定的厚度和挺括度，辨别假币时必须仔细触摸纸币，看是否薄厚适中、挺括度如何。

3. 听

"听"即通过抖动钞票使其发出声响，根据声音来分辨人民币的真伪，因为人民币的纸张具有挺括、耐折、不易撕裂的特点。手持真币用力抖动、手指轻弹或两手一张一弛轻轻对称拉动，能听到清脆响亮的声音，但抖动假币时声音发闷，而且纸币容易撕断，以此可以辨别真伪，如图2-21所示。

图 2-21 "听"声验钞

4. 测

"测"即借助简单的工具或专用的仪器来分辨人民币真伪。如借助放大镜可以观察票面线条清晰度、胶、凹印缩微文字等；用紫外灯光照射票面，可以观察钞票纸张和油墨的荧光反映；用磁性检测仪可以检测黑色横号码的磁性。识别假币一般以人为主，机器只是起到辅助作用，但最好是人机结合，因为人为验钞时总会发生错误操作现象，尤其是面对数量较多的纸币时更容易错误操作。

课堂讨论

4人一组进行课堂训练，结合上文介绍的识别假币的方法，逐一检验身上所携带的钞票，仔细体会"一看，二摸，三听，四测"四种方法的关键点在哪里。训练完之后，相互之间交流一下心得，如有什么新的体会，可以记录下来和大家共享。

五、如何使用验钞器验钞

1. 验钞器的原理及类型

验钞器也叫验钞机，是一种检验钞票真伪的机器。由于现金流通规模庞大，银行出纳柜台现金处理工作繁重，验钞机已成为不可缺少的设备。验钞机集计数和辨伪于一身，随着印刷技术、复印技术和电子扫描技术的发展，其辨伪性能越来越高。

验钞器是机电一体化产品，涉及机械、电、光、磁等多个领域，其辨伪是通过检测人民币的固有特性来分辨真假的，主要进行荧光检测、磁性检测、红外穿透检测和激光检测等。

课堂阅读

荧光检测、磁性检测、红外穿透检测和激光检测

（1）荧光检测。第五套人民币采用专用纸张制造（含85%以上的优质棉花），而假钞通常采用经漂白处理后的普通纸进行制造。经漂白处理后的纸张在紫外线（波长为365nm的蓝光）的照射下会出现荧光反应（在紫外线的激发下衍射出波长为420~460nm的蓝光），而真钞则没有荧光反应。荧光检测就是利用紫外光源对运动钞票进行照射，同时用硅光电池检测钞票的荧光反应，可判别钞票真假。

（2）磁性检测。磁性检测主要是利用第五套人民币大面额真钞（20元、50元、100元）的某些部位是用磁性油墨印刷的特性，通过一组磁头对运动钞票的磁性进行检测，通过电路对磁性进行分析，可辨别钞票的真假。在磁性检测中，要求磁头与钞票摩擦良好，磁头过高则冲击信号大，造成误报；磁头过低则信号弱，造成漏报。

（3）红外穿透检测。由于第五套人民币的纸张比较坚固、密度较高，而且用凹印技术印刷的油墨厚度较高，所以对红外信号的吸收能力较强，而假钞的纸质特征与真钞有一定的差异，对红外信号的吸收能力有所不同。红外穿透的工作原理就是利用这一原理，可以实现钞票辨伪。

（4）激光检测。由于第五套人民币纸币上有荧光字，验钞器用一定波长的红外激光照射荧光字，会使荧光字产生一定波长的激光，机器通过对此激光的检测辨别钞票的真假。

目前，市场上有一些专门用于检验钞票某个方面特征的验钞灯、验钞笔等，但是不能检验钞票其他方面的特征，很难准确地辨别钞票真伪。随着科学技术和社会经济的发展，经济生活对验钞器的综合性能要求越来越高，现在一般的验钞器都具有点钞功能，很多验钞器也成为名副其实的"点验钞机"。

验钞器按鉴别方式可分为普通型、半智能型、智能型和银行专用型四种。

（1）普通型验钞器。这种类型的验钞器具有安全线磁性分析检测（只检测安全线磁性的有与无）、荧光检测及少数的带有宽度检测的功能，如图 2-22 所示。

图 2-22　普通型验钞器

（2）半智能型验钞器。这种类型的验钞器具有安全线磁性分析检测（检测安全线磁性的分布规律是否与真钞一致，能检测出或多或少或一致，并能根据该规律判别是多少面值的钞票）、荧光检测、宽度检测的功能，如图 2-23 所示。

图 2-23　半智能型验钞器

（3）智能型验钞器。这种类型的验钞器具有安全线磁性分析检测（检测安全线磁性的分布规律是否与真钞一致，能检测出或多或少或一致，并能根据该规律判别是多少面值的钞票）、荧光检测、宽度检测、磁性检测的功能，如图2-24所示。

图2-24 智能型验钞器

（4）银行专用型验钞器。这种类型的验钞器的外观和体积与台式点钞机一样，其不同之处是性能要求比较高，功能全面，辨伪性能要求全智能或5星级以上，如图2-25所示。

图2-25 银行专用型验钞器

2. 验钞器的使用方法

在使用验钞器之前，一定要确保选购的验钞器的质量，如果验钞器的质量存在问题，那么在验钞时会出现误报及机器故障。

我国国家标准规定的验钞器检伪方式至少在三种以上，有些没有责任心或缺乏经验的销售人员往往把所有验钞器，不管普通的、半智能的、智能的，都说成是全智能或银行专用（机器上会贴有"银行专用"等字样），给消费者挑选机型造成误导。而且，这些销售人员介绍的所谓机器"升级"也是非常有局限性的，不要盲目相信。没有验钞器使用经验的同学，使用前一定要多向专业人士请教，并熟记验钞器的使用要点。

下面简要介绍验钞器的使用方法：

（1）先将验钞器摆正，正面面对使用者，连好验钞器电源线；如验钞器有外接显示器，则需要将显示器接到验钞器上。打开电源开关，此时为读钞优先模式，检查计数器和显示屏（如有的话），看有无故障显示（具体参见所使用验钞器的故障说明书）；如需要进入验钞优先模式，请打开机器上盖，一手按着上盖上端的金属片检测开关，一手打开机器顶端的电源开关，此时机器便进入验钞优先模式。

（2）在确定验钞器无故障的前提下，打开机器，使其处于工作状态。验钞之前，整理好要检验的钞票，按不同的面值分开并清除钞票上的污染物，码放整齐，然后就可以开始点验钞操作，如图2-26所示。

图2-26　验钞器在验钞

注意：为便于分张和下钞流畅，对于压紧的纸币应拍松后再捻开，将钞票均匀扇开成小斜坡状，否则容易下双张或出现"拥塞"现象；对于待清点的钞票，最好捻开成一个前低后高的斜面，平整放入喂钞台，使钞票从上面第一张依次自然下滑，通过捻钞轮进入机器内。

另外，避免错检，验钞前应将用白纸补了疤的纸币、经过洗涤的纸币、污渍严重的纸币、破坏或裂口的纸币挑出。

（3）验钞过程中，握钞手指逐渐松开，切不可往下推挤钞票。机器运行时，要认真进行检查，如发现有假钞、破损或其他异物，或者有绵软、霉烂的钞票（见图2-27）时，要立即剔除，然后再继续清点。

图2-27　清除霉烂的纸币

注意：清点过程中若发现假币，机器就会自动停止，并发出几声报警信号，或在任意工作状态下指示灯亮，并且闪烁，计数显示窗显示"鉴伪方式显示符"，取出假币后按任意键继续清点。

（4）验完钞后，要注意检查机器上是否有遗漏钞票。当喂钞台内的钞票清点完毕后，机器便会自动停止运行。

注意：当只需要清点张数而不需鉴伪时，开启电源开关，关掉所有功能指示灯，然后将同面额的一叠纸币捻成一定斜度。平放在滑钞机上，机器即自动完成点钞工作，待点钞板上的钞票全部输送完结，机器停止计数。这时计数器显示屏上显示的数字就是该叠钞票的数量，取出点钞机钞票，每次清点钞票时显示器上显示的数值自动控制将清零后重新计数。

课堂游戏

大家来找假币

互联网上有很多识别假币的小游戏，这里推荐一款经典的在线小游戏"大家来找假币"。请同学们先登录该游戏的网址（http：//www.4399.com/flash/38677_4.htm），打开游戏界面。

单击【开始游戏】后，在《劳动合同书》上签字盖章（单击【签字盖章】）后就正式成为某银行的实习生，主要职务就是分辨钞票的真假。

单击【开始上班】后，你的上司给你安排的工作是让你在限定时间（59 秒）内鉴定三张纸币的真伪，鉴定时通过点击鼠标来找纸币上的错误。如果鉴定错误，纸币上会显示"×鉴定错误"的字样，你的"职业生涯"就会增加一个污点；如果鉴定正确，纸币上就会显示"假币"的印章，你的"绩效"就会增加。

如果鉴定超时，你的"职业生涯"将增加三个污点；如果鉴定时，你的"职业生涯"累积满十个污点，你就被开除了，需要单击【再玩一次】。

如果你在规定的时间内能鉴定出纸币上所有的错误，游戏界面就会显示"鉴定完成"，你就能"晋升职位"。之后，客人会对你的鉴定进行服务评价，上司就可以安排你"接待下一个客人"，进行下一轮的鉴定。

注意：游戏从第五套人民币 1 元纸币开始鉴定，接着是 5 元纸币，依次进行下去。这个游戏主要是考察你对第五套人民币票面元素的熟悉程度，能够很好地锻炼你的眼力，寓教于乐。

【技能训练】

1. 思考题

（1）我国第五套人民币的防伪标志有哪些？

（2）我国第五套人民币假币的鉴别方法和技巧有哪些？

2. 测试题

（1）鉴别方法测试：请依次写出鉴别人民币的几个关键点。

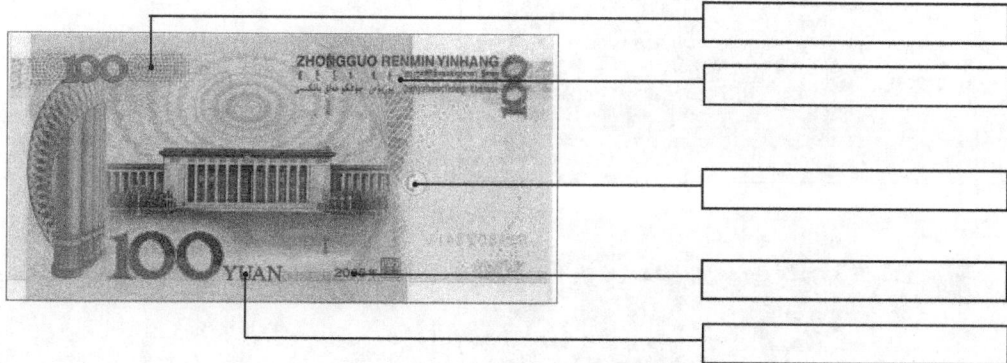

（2）计时测试：请在 2 分钟以内找出下列假币的错误之处并指出真币应是怎样的。

假币图示	纠错内容
	误： 正：

假币图示	纠错内容
	误： 正：
	误： 正：
	误： 正：
	误： 正：

单元二 点钞技能

点钞是点纸币的俗称，是指按照一定的方法查清票币的数额，即整理、清点钞票，使进出钞票的数量和质量得到保证，它是出纳工作中最重要的一部分。点钞在银行业中泛指清点各种票币，又称票币整点。

点钞技术随着纸币的产生和金融事业的发展而发展，尤其是银行现金业务的与日俱增，为点钞技术的发展开辟了广阔的天地，各种点钞方法随之相继出现。20 世纪 80 年代，已逐步形成具有银行特点的点钞方法（见表 2-4），由于现在的验钞器一般具有点钞的功能，已经在本模块单元一中介绍，而整点硬币不需要做重点介绍，而且机器点钞目前还不能完全取代手工点钞，大量票币清点工作仍需经过手工操作进行，所以本单元重点介绍手工点钞的几种方法，这也是收款员和出纳会计人员的一项基本功。

表 2-4 常用的点钞方法

点钞方法		适用票币
手工点钞	手持式点钞法	纸币
	手按式点钞法	纸币
	扇面点钞法	纸币
	手工整点硬币	硬币
器具点钞	验钞机点钞	纸币
	工具整点硬币	硬币

一、点钞的基本要领

点钞有其一定的操作程序，首先应审查现金收、付款凭证及所附原始凭证的内容，检查是否填写齐全、清楚，两者内容是否一致。然后依据现金收、付款凭证的金额，先点数整数（即大数）再点数零数（即小数），具体说是先点数大额票面金额，再点数小额票面金额，结合先点数成捆的（暂不拆捆）、成把的［暂不拆把、卷（指铸币）］，再点数零散的。在点数过程中，一般应边点数边在算盘或计算器上加计金额，点数完毕，算盘或计算器上的数字，现金收、付款凭证上的金额和点数数额三者应相同。

从整数至零数、逐捆、逐把、逐卷地拆捆点数，在拆捆、拆把、拆卷时应暂时保存原有的封签、封条和封纸，点数无误后才可扔掉。点数无误后，即可办理具体的现金收存业务。一般将点钞的基本环节归纳为以下八个，如图 2-28 所示。

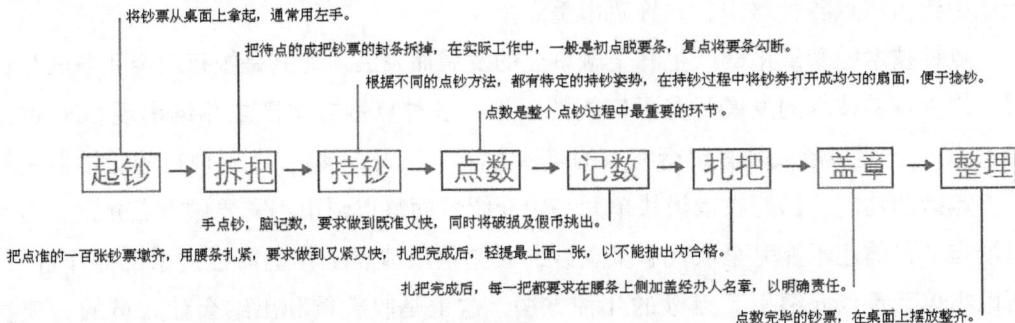

图 2-28　点钞的八个基本环节

课堂阅读

点钞口诀

平铺整齐，边角无折。同券一起，不能混淆。

券面同向，不能颠倒。验查真伪，去伪存真。

剔除残币，完残分放。百张一把，十把一捆。

扎把捆捆，经办盖章。清点结账，复核入库。

点钞时还要注意一些基本的操作要领，尤其是正确坐姿、准确而又快速的清点动作，既关系到点钞者的劳动强度，又影响到点钞的质量和速度。俗话说"磨刀不误砍柴工"，熟练掌握以下这些要领，方法对头，能极大地减轻劳动强度，缩短操作时间，提高工作效率。

1. 坐姿端正

在手工点钞情况下，坐姿的正确与否，直接影响着点钞技术的发挥，所以练习时应先掌握好正确的点钞姿态（见图2-29）。点钞开始前，应选择适当高度的座位，一般要高于写字座位的高度，就座后，身体垂直，全身肌肉自然放松，两腿分开与肩膀同宽，胸部挺起，不要紧靠桌沿。双肘自然放在桌面上，持票的左手腕部接触桌面，右手腕部稍抬起，整点货币轻松持久，活动自如。若长时间使用不当的姿势会造成肌肉僵硬甚至拉伤。点钞的坐姿会直接影响点钞技术的发挥和提高。

图2-29 正确的点钞坐姿

2. 钞券要墩齐

需要清点的钞券必须清理整齐、平直，如图2-30所示。这是点准钞券的前提，钞券不齐不易点准。对折角、弯折、揉搓过的钞券要将其弄直、抹平，明显破裂、质软的钞票要先挑出来。清理好后，将钞券在桌面上墩齐。

3. 开扇要均匀

钞券清点前，根据使用的方法将票面打开成扇形，使钞券有一个坡度，便于捻动。开扇均匀是指每张钞券的间隔距离必须一致，使之在捻钞过程中不易夹张，如图2-31所示。因此，扇面开得是否均匀，决定着点钞是否准确。

图 2-30　整齐的钞券

图 2-31　均匀的开扇

4. 动作幅度小

捻钞尽量使用指尖，幅度不要过大，减少手指来回的距离，减少手指与钞券的接触面积，如图 2-32 所示。如果手指接触面大，手指往返动作的幅度随之增大，从而使手指频率减慢，影响点钞速度，在点钞的过程中不要使整个手臂震动。而且，在点钞过程中要有意识地提高动作的频率。

图 2-32　点钞动作幅度小

5. 点数协调、准确

　　点钞技术关键是一个"准"字，点数准确是点钞技术的核心内容。只有在准确的基础上求快，才能保证点钞质量。要做到点数准确，就必须集中精力，双手点钞，两眼看钞，脑子记数，如图 2-33 所示。点和数是点钞过程的两个重要方面，这两个方面要相互配合，协调一致。点的速度快，记数跟不上或点的速度慢、记数过快，都会造成点钞不准确。所以点和数两者必须一致，这是点准的前提条件之一。为了使两者紧密结合，记数通常采用分组法。单指单张以 10 为一组记数，多指多张以清点的张数为一组记数，使点和数的速度能基本吻合。同时，记数通常要用脑子记，尽量避免用口数，也即手、眼、脑互相配合，共同完成点钞的操作过程。

图 2-33　点数协调、准确

6. 动作连贯

动作连贯是保证点钞质量和提高效率的必要条件，点钞过程的各个环节必须密切配合，环环相扣。清点中双手动作要协调，速度要均匀，要注意减少不必要的小动作。

二、手持式点钞法

手持式点钞法是将钞券拿在手上进行清点的点钞方法，它根据指法的不同又可分为单指单张点钞法、单指多张点钞法和多指多张点钞法。

1. 单指单张点钞法

单指单张点钞法是用一个手指一次点一张的方法，是实际工作中最常用的一种点钞方法，可用于收款、付款和整点各种新旧大小钞券。这种点钞方法的优点是：持票人持票所占的票面较小，视线可及票面的 3/4，容易发现假币，挑剔残币、破币也较方便。

单指单张点钞法的操作技能如下：

（1）起钞。左手拿起钞票，放至胸前，如图 2-34 所示。

图 2-34　起钞示意图

（2）拆把。右手食指横向将钞票稍微压弯，左手食指插入腰条内，把腰条抠掉，将腰条放置一旁，如图 2-35 所示。

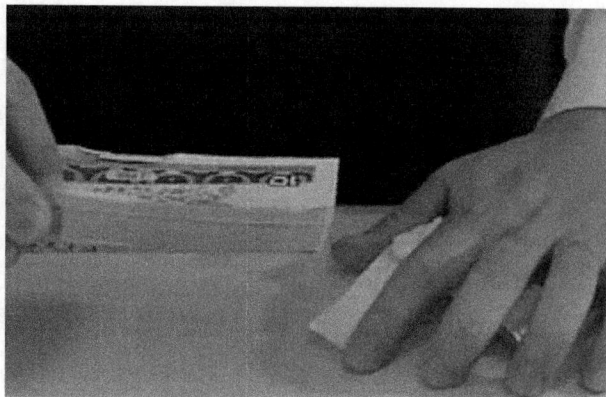

图 2-35 拆把示意图

（3）点钞。点钞是直接体现速度和准确性的重要环节，分为"持钞→点钞→挑残→记数"四个步骤。

① 持钞。持钞用左手，中指和无名指中间分开，夹住钞票左端，固定钞票。小指、无名指和中指向手心弯曲，左手食指托住钞票背面，拇指放在钞票正面，配合食指压住钞票，右手拇指用力，将钞票向后压弯，反复推压，移到钞票侧面 1/2 处，向前推移，使钞票成微扇形，斜面正对胸前，如图 2-36 所示。

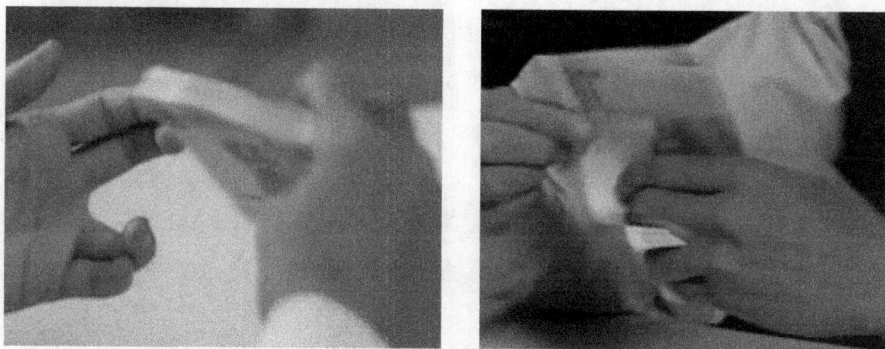

图 2-36 持钞示意图

② 点钞。点钞用右手，拇指在上，食指、中指在下，捏住钞票右上角。用拇指稍微用力，向右下方将钞票捻起一张，右手食指配合拇指粘钞，接着用无名指将捻开的钞票向里弹出，这样一捻一弹，连续动作，中指翘起不要触及票面，以免妨碍无名指动作，如图 2-37 所示。同时，左手拇指也要配合动作，当右手将钞券下捻时，拇指要随即向后移动，并用指尖向外推动钞券，以利捻钞时下钞均匀，直至点完。拇指捻钞时不要抬得太高，动作的幅度不要太大，以免影响速度。

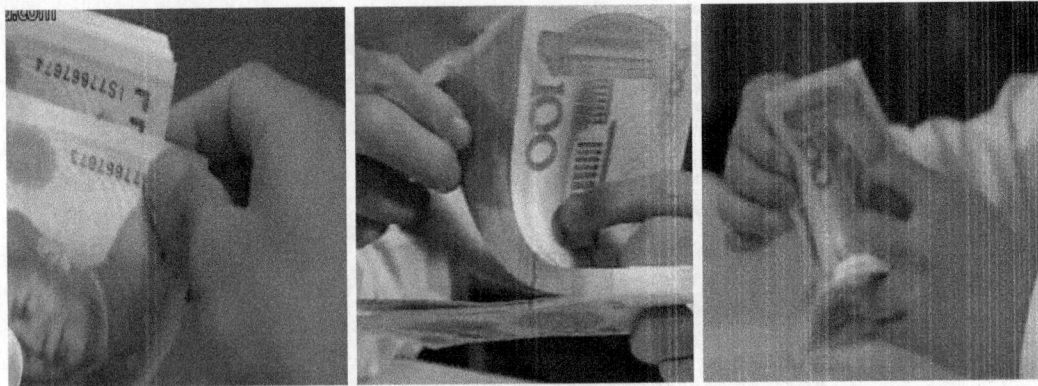

图 2-37 点钞示意图

③ 挑残。在清点过程中，如发现残币、破币、假币等，为了不影响点钞速度，在点钞过程中不要急于抽出，将其折向外边，待整点结束后，再抽出残币、破币、假币等并补齐钞票，如图 2-38 所示。

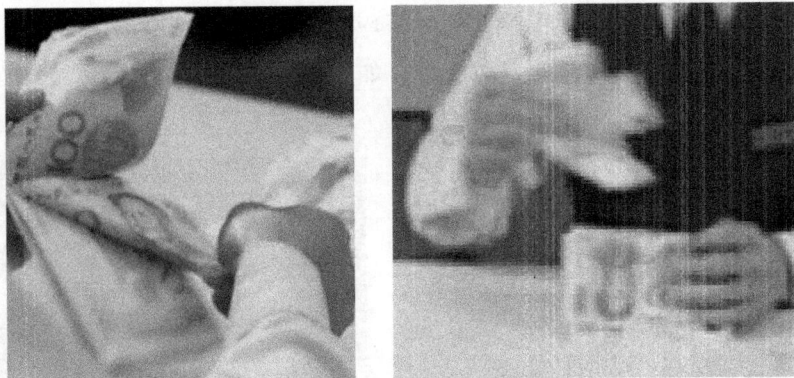

图 2-38 挑残示意图

④ 记数。在点数钞票的同时，需要记数。手持式单指单张点钞法，因每次只捻一张，记数也需一张一张地记，从 1~100 数字中，绝大多数是两位数，记数速度往往跟不上捻钞速度，所以在记数过程中，采用"逢十进一"为记数点的方法。即：

$$1、2、3、4、5、6、7、8、9 \quad 1$$
$$1、2、3、4、5、6、7、8、9 \quad 2$$
$$1、2、3、4、5、6、7、8、9 \quad 3$$
$$\vdots$$
$$1、2、3、4、5、6、7、8、9 \quad 10$$

（4）扎把。扎把也即扎钞，将扎钞条的一端放在钞票背面中间，用左手捏住，用右手食指托住钞条，由下往上绕两圈至正面底面处，用右手拇指将扎钞条反折 45 度，最后用拇指或食指向左塞扎钞条，如图 2-39 所示。回转一圈，扎牢扎钞条，扎条要扎得整齐、牢固。同时，注意左手拿住钞券时，拇指压一下成凹状，直到捆扎完松手，并用右手从反面压一下，以提起第一张钞券不被抽出为准。

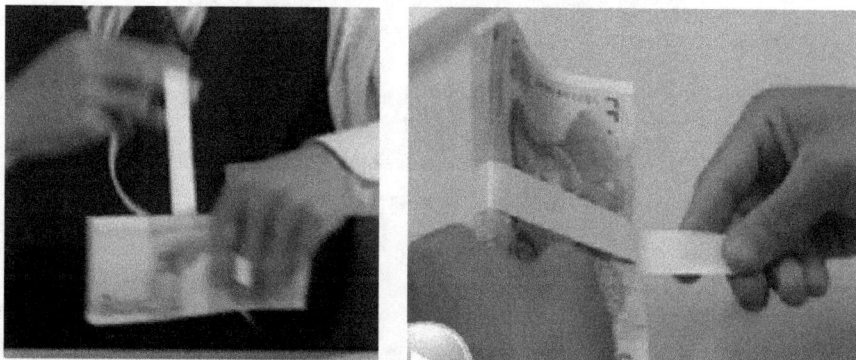

图 2-39 扎把示意图

（5）盖章。左手夹住全部钞把，摆放整齐，右手从桌面上拿起名章，将名章盖在钞把侧面腰条上，不要漏盖。在腰条纸上加盖点钞员名章，表示对此把钞券的质量、数量负责，因此印章要盖得工整、清晰，以看得清行号、姓名为准，如图 2-40 所示。

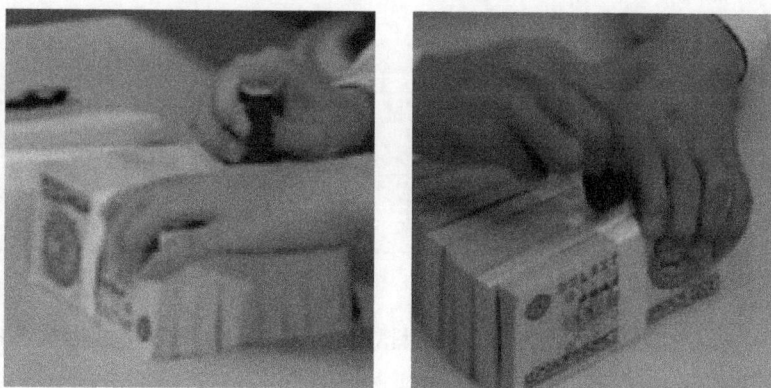

图 2-40 盖章示意图

（6）完钞摆放。盖完章后，钞把摆放整齐，如图 2-41 所示。

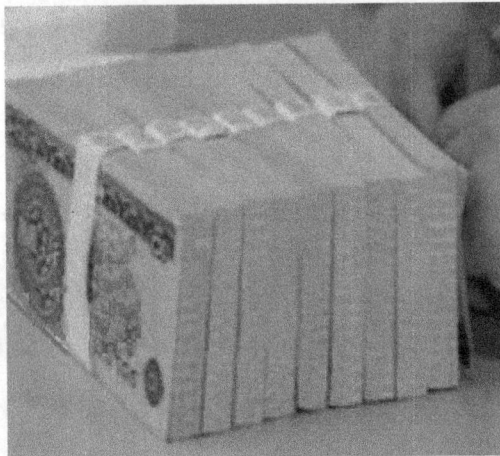

图 2-41　完钞摆放示意图

注意：

（1）在点钞时，左手的中指和无名指要夹紧钞票，以防钞票随着捻动而散把。

（2）小臂应轻置桌沿上，不要悬空，不宜直立于桌面。

（3）左手拇指应放在钞票侧面 1/2 处，压钞幅度过大会影响点钞速度。

（4）钞票向左推出的小扇面要平整，每张距离应匀称。

（5）点钞时，右手拇指每一张捻动的位置应相同，而且拇指接触钞票的面积越小，点钞速度越快。

（6）点钞时，左手拇指应随着钞票的捻动向后移。

特别提示

单指单张点钞法的教学视频链接地址：

1. http：//v. youku. com/v_ show/id_ XMTcy0DIxMTYw. html。

2. http：//v. youku. com/v_ show/id_ XMjQ1MTA2NDg4. html。

点钞时有两个技巧可熟记：一是在拇指捻钞时，肌肉要放松，因为拇指捻钞的快慢直接影响点钞的速度；二是记数，这种点钞方法的速度和质量往往受到记数的制约，捻钞速度越快，记数的难度越大，一般应掌握记数的节奏，逢 5 逢 10 或 20，在意念上应有停顿，以控制准确性。

2. 单指多张点钞法

单指多张点钞法是在单指单张点钞法的基础上发展而来的，它适用于收款、付款和整点工作。各种钞券的清点都能使用这种点钞方法，其优点是点钞效率高，记数简单省力，但是由于一指一次捻下几张钞券，除第一张外，后面几张看到的票面较小，所以其缺点是不易发现残币、破币和假币。

单指多张点钞法的操作方法除了清点和记数外，其他均与手持式单指单张点钞方法相同，其操作技能如下：

（1）清点（见图 2-42）。清点时右手拇指肚放在钞券的右上角，拇指尖略超过票面。如点双张，先用拇指肚捻下第一张，拇指尖捻下第二张；如点三张及三张以上时，同样先用拇指肚捻下第一张，然后依次捻下后面一张，用拇指尖捻下最后一张，要注意拇指均衡用力，捻的幅度也不要太大，食指、中指在钞券后面配合拇指捻动，无名指向怀里弹。为增大审视面，并保证左手切数准确，点数时眼睛要从左侧向右看，这样容易看清张数和残币、破币、假币。

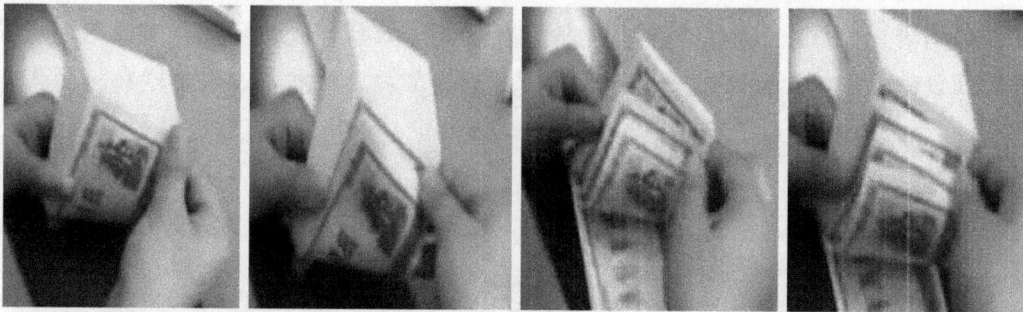

图 2-42 清点示意图

（2）记数。由于一次捻下多张，应采用分组记数法，以每次点的张数为组记数。如以每次点 2 张为一组，每组记一个数，则点到 50 个数为 100；如每次点 3 张，即以 3 张为组记数，每捻 3 张记一个数，33 组余 1 张就是 100 张；如每次点 5 张，即以 5 张为组记数，每捻 5 张记一个数，20 组就是 100 张……依此类推。

特别提示

单指多张点钞法的教学视频链接地址：

http：//v. youku. com/v_ show/id_ XNjkwNDk5MjIw. html。

3. 多指多张点钞法

多指多张点钞法也叫四指四张点钞法，或四指拨动点钞法，是指点钞时用小指、无名指、中指、食指依次捻下一张钞票，一次清点四张钞票的方法。这种点钞法适用于收款、付款和整点工作，它不仅节省体力和脑力，而且效率较高，能够逐张识别假币和挑出残破币。

多指多张点钞法的操作技能如下：

（1）桌面摆设。扎钞条、笔、名章顺着右手的方向摆放，要点数的钞券放在正前方。桌面力求保持整洁。

（2）起钞。指左手从桌面拿起钞票，将腰条纸移到一侧。

（3）持钞。钞券横立，左手持钞。持钞时，手心朝胸前，手指向下，中指在票前，食指、无名指、小指在后，将钞券夹紧；以中指为轴心五指自然弯曲，中指第二关节顶住钞券，向外用力，小指、无名指、食指、拇指同时向手心方向用力，将钞券压成U形，U口朝里；食指和拇指要从右上侧将钞券往里下方轻压，打开成微扇；手腕向里转动90度，使钞券的凹面向左但略朝里，凸面朝外向右；中指和无名指夹住钞券，食指移到钞券外侧面，用指尖管住钞券，以防下滑，大拇指轻轻按住钞券外上侧，既防钞券下滑又要配合右手清点；最后，左手将钞券移至胸前约20厘米处，右手五指同时蘸水，做好清点准备。多指多张点钞法持钞如图2-43所示。

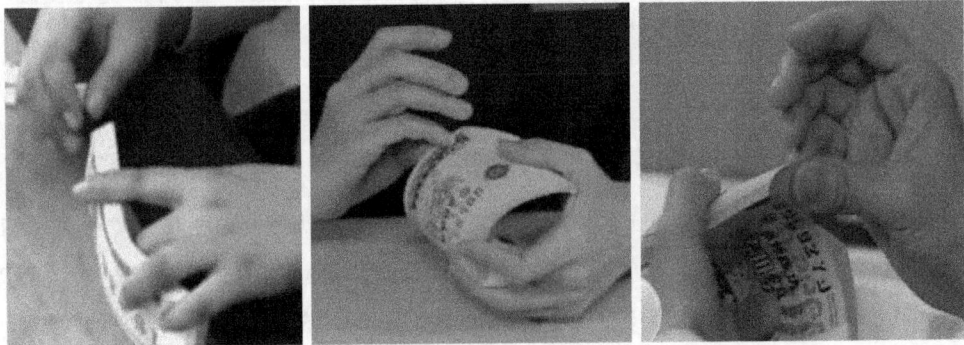

图 2-43 持钞示意图

（4）清点。清点时两只手摆放要自然，一般左手持钞略低，右手手腕抬起高于左手。清点时，右手拇指轻轻托住内上角里侧的少量钞券；其余四指自然并拢，弯曲成弓形；食指在上，中指、无名指、小指依次略低，四个指尖呈一条斜线；然后从小指开始，四个指尖依次各捻下一张，四指共捻四张。多指多张点钞法清点如图2-44所示。

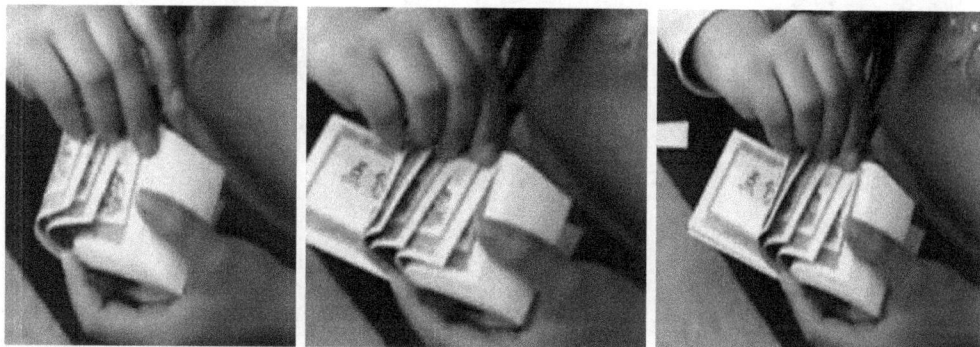

图2-44 清点示意图

注意：

（1）捻钞券时动作要连续，下张时一次一次连续不断，当食指捻下本次最后一张时，小指要紧紧跟上，每次之间不要间歇。

（2）捻钞的幅度要小，手指离票面不要过远，四个指头要一起动作，加快往返速度。

（3）四个指头与票面接触面要小，应用指尖接触票面进行捻动。

（4）右手拇指随着钞券的不断下捻向前移动，托住钞券，但不能离开钞券。

（5）在右手捻钞的同时左手要配合动作，每当右手捻下一次钞券，左手拇指就要推一次，两指同时松开，使捻出的钞券自然下落，再按住未点的钞券，往复动作，使下钞顺畅自如。

（5）记数。多指多张点钞法采用分组记数法，以四个指头顺序捻下四张为一次，每次为一组，25次即25组即为100张。

（6）扎把与盖章。多指多张点钞法扎把与盖章的方法与单指单张点钞法相同。

注意：采用多指多张点钞法时，清点前不必折纸条，只要将捆扎钞券的腰条纸挪移到钞券1/4处就可以开始清点，发现问题可保持原状，便于追查。清点完毕，初点不用勾断腰条纸，复点完时顺便将腰条纸勾断，重新扎把盖章。

特别提示

多指多张点钞法的教学视频链接地址：

1. http：//v. youku. com/v_ show/id_ XNjMzMjU00DY0. html。

2. http：//v. youku. com/v_ show/id_ XMjQ1MTA2NDg4. html。

三、手按式点钞法

手按式点钞法是将钞券按放在桌面上进行清点的点钞方法，它分为单指单张点钞法、多指多张点钞法和扇面式点钞法。由于手按式多指多张点钞法与手按式单指单张点钞法的操作技能差不多，所以不做详细介绍。

1. 单指单张点钞法

手按式单指单张点钞法是一种传统的点钞方法，使用范围甚广，适用于收、付款和整点各种新、旧大小钞券。由于这种点钞方法逐张清点，看到的票面较大，便于挑剔损伤券，所以特别适宜于清点散把钞券和辅币及残破券多的钞券。

（1）拆把。将钞券横放在桌面上，一般在点钞员正胸前。左手小指、无名指微弯按住钞券左上角约占票面1/3处，食指伸向腰条纸并将其勾断，拇指、食指和中指微屈做好点钞准备。

（2）清点。右手拇指托起右下角的部分钞券，用右手食指捻动钞券，其余手指自然弯曲。右手食指每捻起一张，左手拇指便将钞券推送到左手食指与中指间夹住，这样就完成了一次点钞动作，以后依次连续操作，如图2-45所示。用这种方法清点时，应注意右手拇指托起的钞券不要太多，否则会使食指捻动困难；也不宜太少，太少会增加拇指活动次数，从而影响清点速度，一般一次以20张左右为宜。

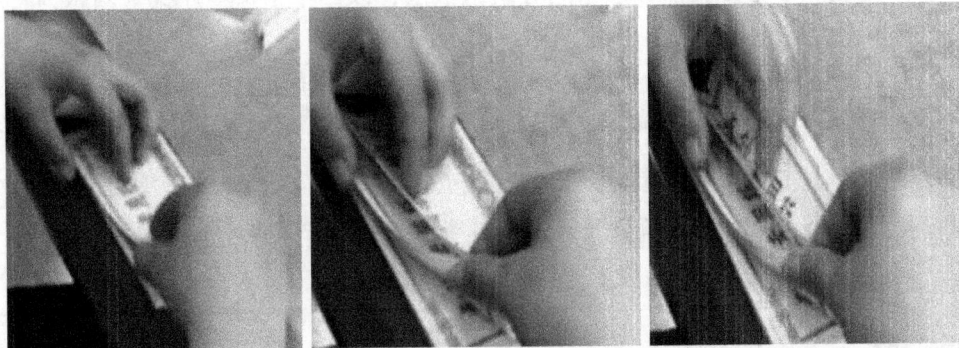

图2-45 清点示意图

（3）记数。这种点钞法的记数可采用双数记数法，数至50即100张；也可采用分组记数法，以10张为一组记数。这种点钞法的记数方法与手持式单指单张点钞法基本相同。但是其在操作时，左右手的拇指、中指、食指在清点过程中，每捻起一张都需要动作，不仅影响速度，而且钞券容易滑动以致松散，不易清点，手指也很累。因此，手按式单指单张点钞法还有另一种操作形式，即左手按票方式。

左手按票方式与前一种方法相同，即右手自然摆放在桌面上，手腕微抬起，右手的小指、无名指按在右上角，小指压紧钞券，无名指稍松，中指微弯曲。清点时，右手拇指托起部分钞券，食指每捻起一张即由左手拇指切数并用拇指和食指夹住；捻数张后，左手拇指即将钞券推送到食指和中指之间夹住。一般捻起 5 张或 10 张后左手拇指便推动一次。这种方法记数时可用分组记数法，每 5 张或 10 张为一组，记满 20组或 10 组即为 100 张。用这种方式进行操作，减少了左手中指和食指动作的次数，手指不易累或酸；右手小指和无名指按住钞券后，钞券也不易滑动；计数简单，如感到记数有误时，只要左手拇指放下没有记准的这一组重新清点外，不需重新清点其余各组钞券，有利于提高工作效率。

特别提示

手按式单指单张点钞法的教学视频链接地址：

http：//v. youku. com/v_ show/id_ XMTg1MDgyNzgw. html。

---

2. 多指多张点钞法

手按式多指多张点钞法有多指双张、多指三张、多指四张之分，但都是在手按式单指单张点钞法的基础上发展而来的，它们点钞的基本操作要点与手按式单指单张点钞法基本相同，只是在清点和记数方面略有不同而已，初学者在操作时注意体验比较一下。

课堂讨论

3 人一组进行点钞（练功券）训练，一人训练手按式单指单张点钞法，另一人训练手按式多指多张点钞法，剩下一人根据其他两人的点钞体会做好记录。按照此方式进行三轮训练，完成之后小组比较一下各自的体会，从而总结出手按式单指单张点钞法与多指多张点钞法的共同点与不同点。

3. 扇面式点钞法

扇面式点钞法是指把钞票捻成扇面状进行清点的方法，这种点钞方法速度快，是手工点钞中效率最高的一种。扇面式点钞法的缺点是清点时往往只看票边，票面可视面极小，不便挑剔残破券和鉴别假票，不适用整点新币、旧币、破币混合的钞券，只适合清点新票币。

扇面式点钞法一般有拆把、开扇、清点、记数、合扇、墩齐和扎把等基本环节，由于其清点方法不同，可分为扇面式一按多张点钞和扇面式多指多张点钞两种。实用扇面式点钞法时，一次按得越多，点数的难度就越大，初学者应注意选择适当的张数。

（1）扇面式一按多张点钞法。

① 持票拆把。将钞券竖拿，左手拇指在票前、食指和中指在票后一并捏住钞券左下角约 1/3 处，左手无名指和小指自然弯曲。右手拇指在票前，其余四指横在票后约 1/2 处，用虎口卡住钞券，并把钞券压成瓦形，再用拇指勾断钞券上的腰条纸做开扇准备。方法与单指单张点钞法相同。

② 开扇。开扇也叫打扇面，是扇面点钞最关键的环节，如图 2-46 所示，它有一次性开扇和多次开扇两种方法。扇面开得匀不匀，直接影响到点钞的准确性，因此扇面一定要开得均匀，即每张钞券的间隔要均匀。

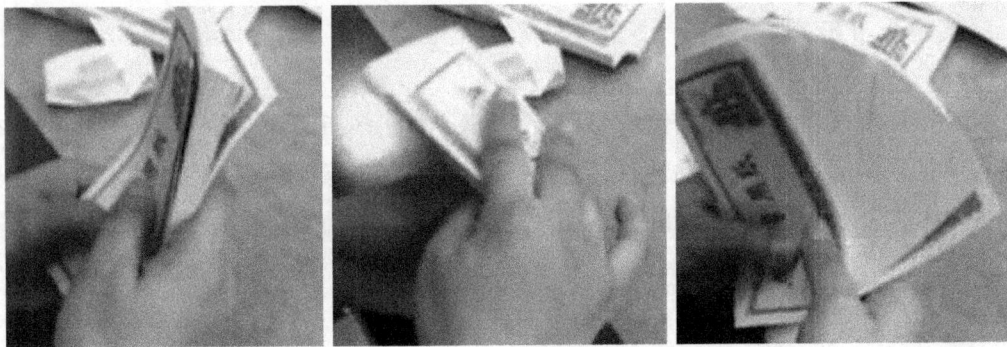

图 2-46　开扇示意图

一次性开扇的方法是：以左手为轴，以左手的拇指和食指持票的位置为轴心，右手拇指用力将钞券往外推，右手食指和中指将钞券往怀里方向转过来，然后向外甩动，同时左手拇指和食指从右向左捻动。左手捻右手甩要同时进行。一次性开扇效率高，但难度较大，开扇时要注意左右手协调配合，右手甩扇面要用劲，右手甩时左手拇指要放松，这样才能一次性甩开扇面，并使扇面开得均匀。

多次开扇的方法是：以左手为轴、右手食指和中指将钞券向怀里左下方压，用右手腕把钞券压弯，稍用力往怀里方向从右侧向左侧转动，转到左侧时右手将压弯的钞券向左上方推起，拇指和食指向左捻动，左手拇指和食指在右手捻动时略放松，并从右向左捻动。这样反复操作，右手拇指逐次由钞券中部向下移动，移至右下角时即可将钞券推成扇形面。然后双手持票，将不均匀的地方拉开抖开，左半部的钞券向左方抖开，右半部的钞券向右方抖开。这种开扇方法较前一种方法费时，但比较容易掌握，用这种方法开扇时要注意开扇动作的连贯性，否则会影响整体点钞速度。

③ 清点。清点时，左手持扇面，扇面平持但钞券上端略上翘使钞券略倾斜，右手中指、无名指、小指托住钞票背面，右手拇指一次按 5 张或 10 张钞券，按下的钞券由食指压住，接着拇指按第二次，依此类推。同时，左手应随着右手点数的速度以腕部为轴稍向怀里方向转动。用这种方法清点时，要注意拇指下按时用力不宜过大，下按时拇指一般按在钞券的右上角。从下按的张数来看，如出纳员经验丰富，可一次下按 6 张、8 张、12 张、14 张、16 张不等，如图 2-47 所示。

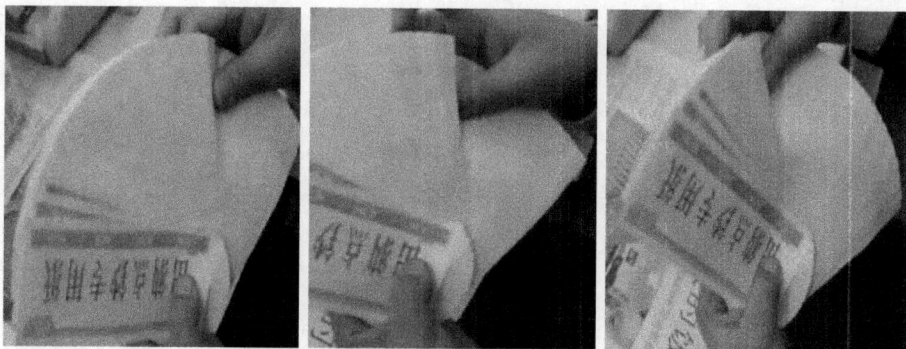

图 2-47　清点示意图

④ 记数。扇面式一按多张点钞法采用分组记数法。一按 5 张即每 5 张为一组，记满 20 组为 100 张；一按 10 张即每 10 张为一组，记满 10 组即为 100 张……依次类推。

⑤ 合扇。清点完毕即可合扇。合扇时，左手用虎口松拢钞券向右边压；右手拇指在前，其余四指在后托住钞券右侧并从右向左合拢，左右手一起往中间稍用力，使钞券竖立在桌面上，两手松拢轻墩。钞券墩齐后即可扎把，方法与其他点钞法相同。

⑥ 扎把。扎把的方法与其他点钞法扎把的方法相同。

（2）扇面式多指多张点钞法。扇面式多指多张点钞法是在一按多张点钞法的基础上发展而来的。它的环节与一按多张点钞法基本相同，不同之处是，在清点时右手拇指一次按 5 张或 10 张钞券，然后右手食指沿钞券上端向前移动按下第二个 5 张，中指和无名指依次下按第三、第四个 5 张，这样即完成一组动作。当无名指下按第四个 5 张后，拇指应迅速接着下按第一个 5 张，即开始第二轮的操作，四根手指依次轮流反复操作。由于手指移动速度快，在清点过程中要注意右臂随各个手指的点数轻轻向左移动，还应注意每个手指清点的张数应相同，如图 2-48 所示。

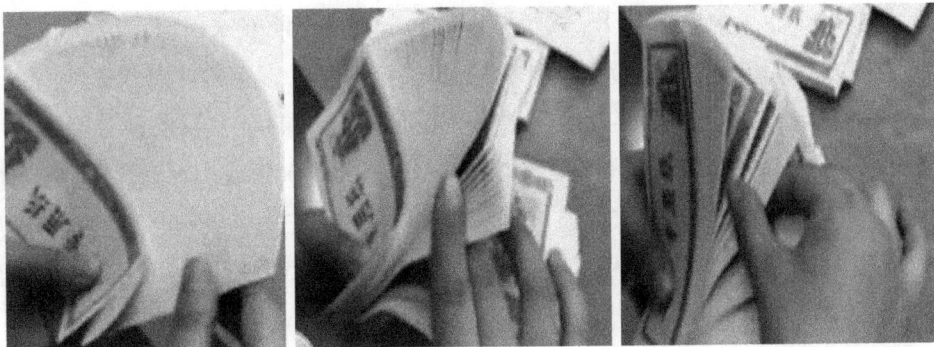

图 2-48　扇面式多指多张点钞法示意图

特别提示

扇面式点钞法的教学视频链接地址：

http：//v. youku. com/v_ show/id_ XMjAy0Tky0Dg=. html。

课堂阅读

硬币清点法

1. 手工整点硬币（见图 2-49）

（1）拆卷。将清点后使用的包装纸平放在桌子上，右手持硬币卷的 1/3 处放在包装纸中间。左手撕开硬币卷的左头，然后用右手向下从左端到右端压开包装纸，包装纸压开后，用左手食指平压硬币，右手抽出已压开的包装纸，这样即可准备清点。

（2）清点。用右手清点，从右向左分组清点。清点时，以右手拇指和食指将硬币分组清点，每次清点的枚数因个人技术熟练程度而定，可一次清点 5 枚或 10 枚，也可一次清点 12 枚、14 枚、16 枚等。为保证清点准确无误，可用中指在一组的中间分开查看，使两边的数量很快看清。如一次清点 10 枚，即从中间分开，一边为 5 枚……依此类推。

（3）记数。采用分组记数法，一组为一次，一次清点 5 枚，点到 20 次，即为 100 枚；一次清点 10 枚，点到 10 次，即为 100 枚；一次清点 12 枚，点到 8 次余 4 枚，即为 100 枚；一次清点 14 枚，点到 7 次余 2 枚，即为 100 枚；一次清点 16 枚，点到 6 次余 4 枚，即为 100 枚……依此类推。

（4）包装。清点完毕后即可包装。包装时，用双手的无名指分别顶住硬币的两头，用拇指、食指、中指捏住硬币的两端，双手拇指从包装纸底端将纸掀起，用食指将硬币卷在纸内，用右手掌心用力向外推卷，用双手的拇指、食指和中指分别把两头包装纸向中间方向折压紧贴硬币，再用拇指将后面的包装纸往前压，食指将前面的包装纸往后压，使包装纸与硬币贴紧，最后用拇指和食指向前推币，便包装完毕。

（5）盖章。硬币包装完毕后，整齐地放在桌上，卷缝的方向一致。右手拿名章，用左手掌心滚动硬币卷，右手将名章顺着硬币卷滚动的方向依次盖在各卷上。对不足 100 枚的硬币卷要标明数量和金额。

图 2-49 手工整点硬币

2. 工具整点硬币

工具整点硬币是指用专业的整点工具（如硬币清点机等）对大批的硬币进行整点，如图 2-50 所示。

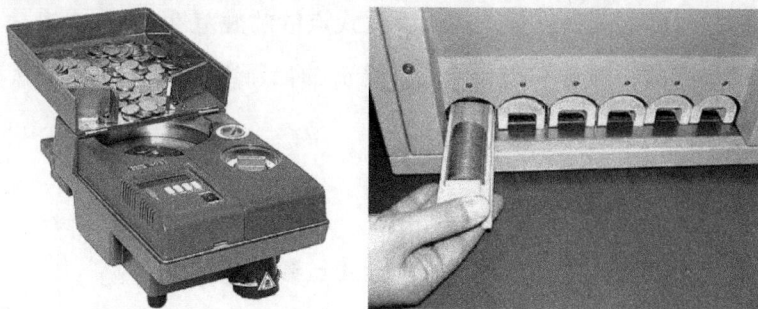

图 2-50 工具整点硬币

用工具整点硬币的操作步骤与手工整点硬币的操作步骤相同，也分为拆卷、清点、记数、包装和盖章，只不过人工操作的部分换成了工具操作。

注意：手工整点硬币也可以先在撕开的纸上清点，清点后再抽纸。要熟练掌握手工整点硬币的速度，必须加强视力的锻炼。

【技能训练】

1. 思考题

（1）点钞的方法有哪些？

（2）手工点钞的基本环节有哪些？

（3）机器点钞的基本程序有哪些？

2. 手持式点钞法测试

（1）手持式点钞法测试：重点测试手持式点钞的规范性。

（2）准确率测试：准备一把点钞纸，随机抽出不等张数，测试手持式点钞的准确性。

3. 手按式点钞法测试

（1）手按式点钞法测试：重点测试手按式点钞的规范性。

（2）准确率测试：准备一把点钞纸，随机抽出不等张数，测试手按式点钞的准确性。

4. 扇面式点钞法测试

（1）扇面式点钞法测试：重点测试扇面式点钞的规范性。

（2）准确率测试：准备一把点钞纸，随机抽出不等张数，测试扇面式点钞的准确性。

5. 视频观摩

（1）银行会计上岗实操点钞手法大全视频：http：//v. youku. com/v_ show/id_ XNjkwNDk5MjIw. html。

（2）点钞教学视频：http：//v. youku. com/v_ show/id_ XMzAxNjg0MTA4. html。

（3）银行快速点钞培训录像：http：//v. youku. com/v_ show/id_ XMjQ1MTA4NTgw. html。

（4）点钞技能汇总视频：http：//v. youku. com/v_ show/id_ XMjQ1MTA4NTgw. html。

6. 点钞指法练习

此次课堂训练内容分为单指单张、多指多张点钞训练，训练学生点数和捆扎的速度以及准确率。训练时，可以选择手持式或者手按式的点钞方法。

训练由教师主持，可按照集体训练、分组训练和对抗训练三种模式开展，做好时间和人员调配，并注意准备好练功券和记数表格。

注意：在正式进行持钞练习之前，需要进行 5 分钟的空手练习，以增加手指肌肉的耐力和灵活性。

进行持钞练习时，需要注意以下两点：

（1）单指单张点钞法的训练。单指单张以整把形式进行，必须经过起把、点数、扎把、拆把等动作，完成每一把点钞（起把时不用拆把，无设错整把即点验数为 100 张的把次需拆把并扎把，设错整把无需拆把也无需扎把）。按照本法操作过程分步练习，做到先分后合，准中求快，两手密切配合。

（2）多指多张点钞法的训练。多指多张必须经过抓把、点数、扎把等过程，每 100 张为 1 把。按照三指三张点钞法操作过程分步练习，做到双手配合、准中求快、记数准确、扎把牢靠。

本次点钞指法练习的量化考核标准如表 2-5 所示。

表 2-5　点钞技能量化考核

指法	等级	100 张耗时（秒）
单指单张点钞法	一	<22
	二	22.1~24
	三	24.1~26
	四	26.1~28
	五	28.1~30

续表

指法	等级	100 张耗时（秒）
多指多张点钞法	一	<17
	二	17.1~20
	三	20.1~22
	四	22.1~24
	五	24.1~26

【技能拓展】

会计账簿整理装订技能

会计账簿简称账簿，是由具有一定格式、相互联系的账页所组成，以经过审核的会计凭证为依据，全面、系统、连续地记录各项经济业务的工具。会计账簿包括现金日记账、银行存款日记账、总账、各种明细账及辅助账等。会计账簿按外形特征可分为订本账、活页账和卡片账三种。

1. 会计账簿的整理

年度结账后，除跨年使用的账簿外，其他账簿应按时整理立卷，基本要求如下：

（1）账簿装订前，首先按账簿启用表的使用页数核对各个账户是否相符，账页数是否齐全，序号排列是否连续。

（2）活页账簿装订要求如下：

① 保留已使用过的账页，将账页数填写齐全，去除空白页和撤掉账夹，用质地好的纸张做封面、封底，装订成册。

② 多栏式活页账、三栏式活页账、数量金额式活页账等不得混装，应将同类业务、同类账页装订在一起。

③ 在本账的封面上填写好账目的种类，编好卷号，然后由会计主管人员和装订人（经办人）签章。

2. 会计账簿的装订

（1）年度财务决算后，按会计账簿封面、账簿启用表、账户目录、该账簿按页数顺序排列的账页、会计账簿装订封底的顺序装订。将活页账簿沿左边的装订孔用棉线系好，在封面上注明单位名称、账簿种类、装订人以及装订日期。装订的目的是不容易随意抽取、更换账页，从而使得账页不易散失。现金日记账、银行存款日记账和总分类账本身是订本式的，无须装订。

会计账簿的装订进程如图 2-51 所示。

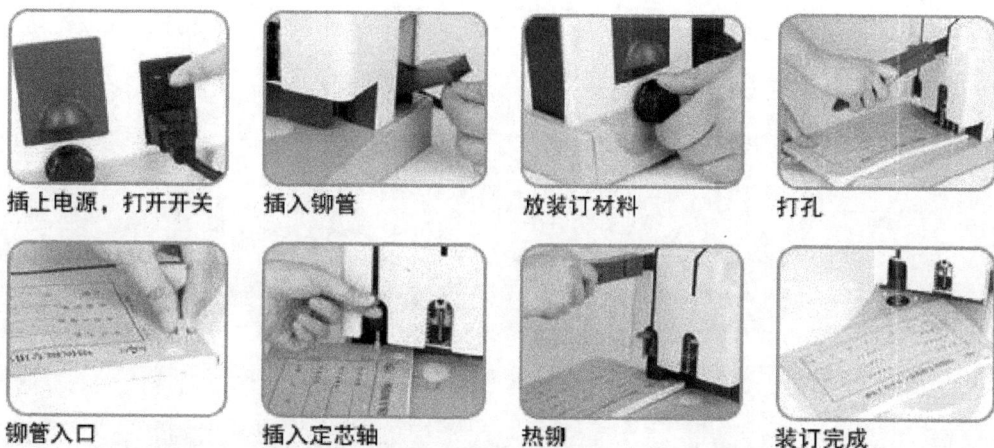

插上电源，打开开关	插入铆管	放装订材料	打孔
铆管入口	插入定芯轴	热铆	装订完成

图 2-51 会计账簿机器装订过程（账簿装订与凭证装订方法一致）

（2）账簿装订后的其他要求如下：

① 会计账簿应牢固、平整，不得有折角、缺角、错页、掉页、加空白纸的现象。

② 会计账簿的封口要严密，封口处要加盖有关印章。

③ 封面应齐全、平整，并注明所属年度及账簿名称、编号，编号为一年一编，编号顺序为总账、现金日记账、银行存款日记账、分户明细账。

④ 会计账簿按保管期限分别编制卷号，如现金日记账全年按顺序编制卷号；总账、各类明细账、辅助账全年按顺序编制卷号。

模块三　传票翻打技能实训

【课前导读】

传票翻打也称传票算，是指在经济核算过程中，对各种单据、发票或凭证进行汇总计算的一种方法，一般采用加减运算。例如，将50张如图3-1所示票据的金额全部加总的过程就是传票算。它是加减运算在实际工作中的具体应用，可以为会计核算、财会分析、统计报表提供及时、准确、可靠的基础数字，因此，是财经工作者必备的一项基本功，并被列为全国会计技能比赛的正式项目。

现金收入传票

××银行　现金收入传票

(贷) ＿＿＿＿＿＿　　　　　　　　　　　　　总字第　　号

(借) 现金＿＿＿＿＿　　　　　　　　　　　　字第　　号

户名或账号	摘要	金　额										
		亿	千	百	十	万	千	百	十	元	角	分
合　计												

会计　　　　　　出纳　　　　　　复核　　　　　　记账

图 3-1　传票示例

如果不是正规商业操作，传票就相当于我们平时所说的收条和欠条。收款时，出纳部门收入现金，须凭现金收入传票（包括视同现金收入传票的各项凭证）收款；付款时，出纳部门付出现金，须凭现金支出传票（包括视同现金支票传票的各项付款凭证）办理。

课堂阅读

什么是传票

在会计工作中，传票一般是指据以登记账目的凭单，也即记账凭证的同义语，其类型有现金收入传票、现金支出传票和转账传票等。当银行的会计凭证作为记账凭证使用时，因为要在银行内部进行传递，"传票"因此得名。

我国最初的会计核算就是在钱庄里的每个人都把当天发生的账目记在同一张纸上，由于这张纸要在他们中间传来传去，异地之间的传递还设有密押，所以就叫作"传票"，后来就演变成会计凭证的代名词了。现在，会计使用的记账凭证和银行里的一些凭证仍被称为"传票"。凭证包括记账凭证和原始单据，须定期装订成册。

钱庄是中国明朝中叶以后出现的一种信用机构，是银行的雏形。这种模式起源于银钱兑换，其后逐渐发展为办理存放款项和汇兑。钱庄也叫票号，因区域不同名称也不同，根据规模的不同也有其他称谓，如银号、钱店等，如图3-2所示。

图3-2 我国古代钱庄

传票算是一种综合性的计算技术，它包括压传票、找页、掀页、看数、打算盘等动作。这些动作需要手、脑、眼密切配合才能完成。传票算是类似于记账凭证汇总的一种核算方式，它是会计核算中的一个基本技能。传票算分为单页传票算、双页传票算和多页传票算三类。

课堂阅读

传票算的三种方法

单页传票算在操作时主要靠左手，首先，把传票折成扇形，用夹子将其夹住（或用左手压住），放在桌子上放试卷的地方，用左手压住，左手从小指到食指都要自然弯曲，用小指左侧压住传票，这就是压传票的动作；其次，用左手拇指掀传票，传票要一页一页地掀，左手拇指从下向斜上方运动，用手指肚掀传票，每掀一页，再用拇指和食指捻页，以免掀双页或多页，这就是掀页的动作；最后，掀页之后就看数，右手随之拨珠入盘，这时，左手食指抬起，挡住已掀过的传票，拇指再掀下一页……如此反复循环地进行下去。

双页传票算是传票快速算的一种运算方法。这种运算方法要同时计算出两页或两页以上的数字，在掀页与看数等方面与单页传票算有些不同。首先，在翻页方法上先用拇指，当拇指刚掀一页时，食指就马上把翻起的传票往上捻，食指只是捻页，不宜离开拇指。把上下两页传票捻开并形成一定的空隙，这时左手还要左右不断地转动，以便使眼睛更好地透过空隙，看到上下两页传票上的数字。当把两页传票上的数字合计之后，食指要弯曲，离开拇指，拇指把计算完的两页传票掀到中指，将两页传票夹到中指、食指中间，完成一次双页传票算。再用同样的操作方法去掀下一页，就这样反复地进行下去。其次，在看数方法上是高位算起或来回运算，用心算直接相加。双页传票算，要透过上下两页传票之间的空隙，同时看到上下两页传票上的同行同位数字，用心算直接相加，并把相加的结果布入算盘中去，随看随布。在运算中，可以从高位往低位运算，也可以来回运算。最后，在运算练习上其掀页与看数练习要分项进行，然后再进行综合练习。在进行掀页练习时，掀起的上下两页传票的空隙不可过大，也不可过小，以能够看到上下两页数字为准。在进行心算相加练习时，可以利用每页传票上的五行数字中的两行或多行，直接用心算相加。这些练习开始都要放慢速度，不可急于求成，练习一段时间以后，再结合算盘进行综合练习。

多页传票算的方法与双页传票算基本相同，只不过是把传票页数分开得多，心算合计行数多罢了。

【教学目标】

基本目标	具体目标
1. 掌握小键盘数字录入的指法	① 熟悉小键盘的布局、输入指法及应用 ② 掌握食指、中指、无名指、小指的指法要点 ③ 掌握指法的综合运用要点 ④ 熟练运用正确指法进行传票的录入和计算
2. 掌握传票翻打的技能要点	①熟悉传票及传票翻打的基本知识 ② 掌握传票检查、整理、找页和翻页的要点 ③ 掌握传票翻打"一目一行"方法的要点

单元一　传票翻打准备工作

一、传票本的种类

进行传票翻打时，将若干张（一般是 100 张）传票累积在一起，做成传票本。传票本通常分为两种：一种是订本式传票，即在传票的左上角装订成册，这种形式的传票本一般在普通比赛中使用，如图 3-3 所示；另一种是活页式传票，一般在全国会计技能大赛中采用，如图 3-4 所示。

图 3-3　订本式传票

图 3-4　活页式传票

二、传票翻打工具

1. 笔

翻打传票时，需要用笔来记录数据，一般采用黑色墨水笔，如黑色签字笔。

2. 计算器

进行传票翻打时，使用的计算器主要有小型台式计算器（见图 3-5）、计算机小键盘（见图 3-6）和专用的传票翻打键盘（见图 3-7）等，下面对这些计算机器做详细的介绍。

图 3-5　小型台式计算器

图 3-6 计算机小键盘

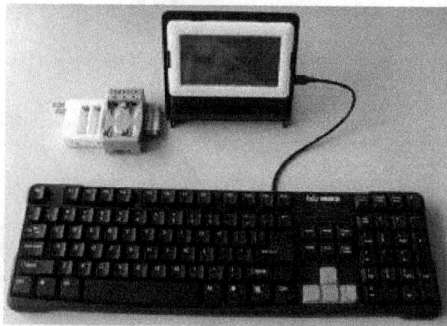

图 3-7 专用的传票翻打键盘

3. 百张传票

翻打的传票一般百张为一本，详见"传票本的种类"介绍。

4. 金属票夹

翻打传票时，需要用一个金属纸夹或纸夹板（见图 3-8）来固定传票，便于翻页。

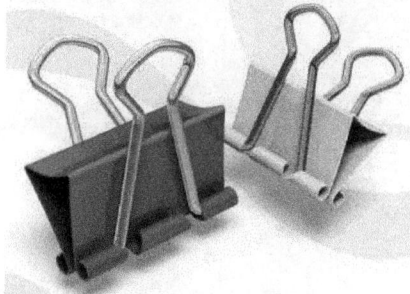

图 3-8 金属票夹

三、传票翻打时的要点

（1）坐姿端正，如图3-9所示。翻打传票时，要端坐在椅子上，上身与椅面成垂直角度；双手端平在键盘上方，左手翻传票，右手对应小键盘；眼睛注视传票票面，精神集中。

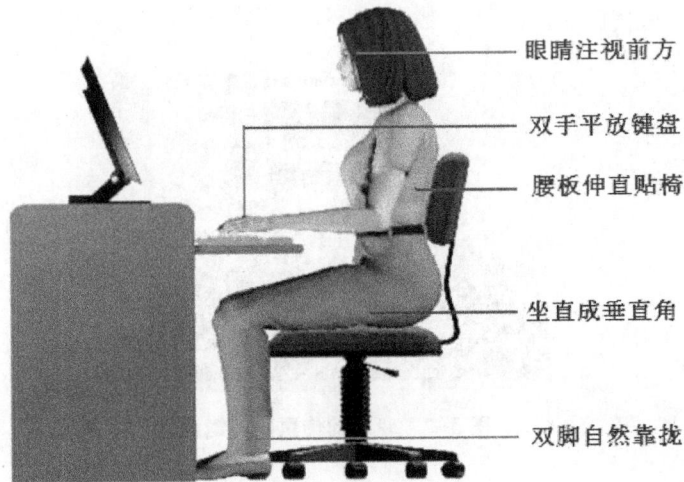

图3-9 翻打传票时坐姿要端正

（2）指法正确，如图3-10所示。

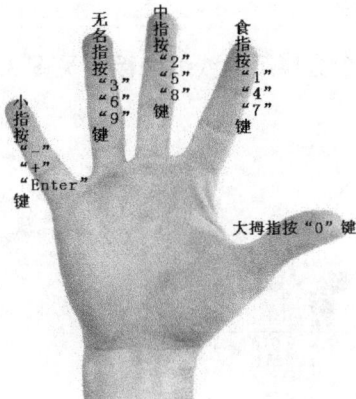

图3-10 翻打传票时指法必须正确

（3）翻页快速准确，如图 3-11 所示。翻打传票时，左手翻页要快速准确，切记"先翻一步，眼比手快，手脑并用，看比按快"的要诀。

图 3-11 翻打传票时翻页迅速准确

（4）眼、手、脑协调，如图 3-12 所示。

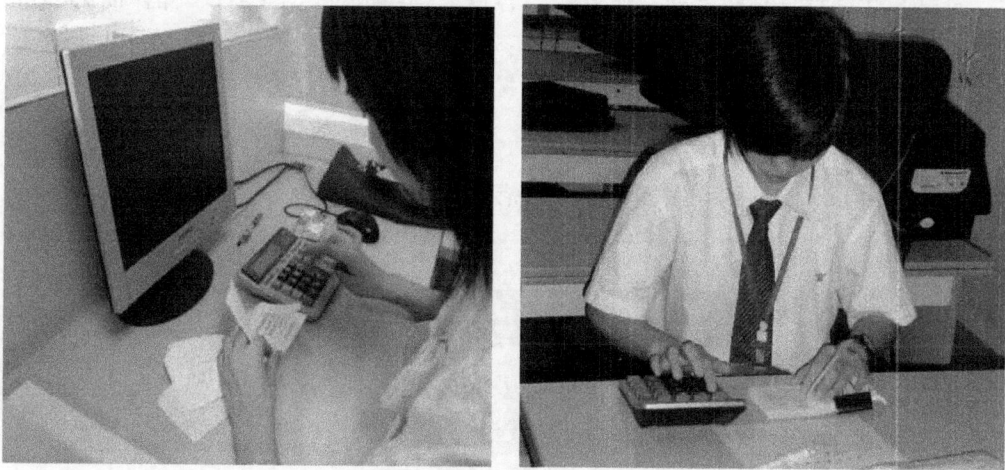

图 3-12 翻打传票时眼、手、脑协调

① 左、右手协调：左手翻传票时，右手直接将传票上的数字输入计算器。

② 眼、脑、手协调：左手翻开传票时，眼睛应迅速看完上面的数字，大脑同步记住数字，右手连续不断地将此行数字输入计算器。注意要确保右手未打完当页数时，左手已经翻到下一页，保持动作流畅。

四、计算器使用技能

计算器（小键盘）是进行传票翻打时最重要的工具，学生有必要了解其基本结构及特点。而且掌握计算器的基本操作界面及各按键功能，也是进行传票翻打指法训练的前提。

1. 计算器的结构

计算器一般由显示屏、功能键、内存和运算器四部分组成。显示屏和功能键在计算器的表面，通过功能键输入的数据和各种指令，都能通过显示屏表示出来；内存是计算器的仓库，用来存放命令、数据和运算结果；运算器是计算器的运算装置，是对数据信息进行加工和处理的部件，主要是在控制器控制下完成各种运算。

计算器可分为简单型计算器和多功能型计算器。简单型计算器进行简单运算，多功能型计算器进行复杂运算，如对数运算，进行传票翻打时，普遍使用简单型计算器。简单型计算器具有精度高、速度快、容量大、耗电少、无噪音、操作简单和价格低廉等优点，但是对环境和温度比较敏感。

2. 计算器的主要功能键

计算器主要功能键的介绍如图 3-13 所示。

图 3-13　计算器的主要功能键

3. 计算器使用的注意事项

（1）使用前，先检查电源及开关，尤其是连接计算机的键盘，要注意检查键盘功能显示灯是否亮着。

（2）校验机器，既要检验显示屏是否正常显示，又要检验计算器功能是否正常运行。

（3）计算器平稳放置后才能按键，而且按键用力要适中，垂直用力，一次只能按一个键，避免按键受力不当失去功能或显示不正确。

【技能训练】

1. 听题计算

教师读出几组数字，学生用计算器进行计算，比一比谁算得又快又准确。注意：教师提前将计算结果计算出来供评判参考。

9,068+517+741,309+281+5,064+416,789+5,132+8+16,568+64,844=

1,984+1+116,516+78,646+3,591+36,840+266+1+64+9,560+29+2,265=

1,919+21,848+185,151+1,511,115+941,561+65+16,518+3,359+1,654=

4,682+36,281+34,865+69,518+46,875+54+847,639+126+48,921+88=

49,186+41,885+894+941+68,419+8,959+2,912+3,584+46,876+5,668=

2. 分组比赛

分组比赛，每组将计算结果写在答题纸上，比一比哪组算得又快又准确。注意：建议6人一组，每组做好分工安排，协同合作；教师提前将计算结果计算出来供评判参考。

10,476+748+524+252=

998+379−997−157=

199,998+1,998+198+18=

169+456+44+661=

2,847×63=

29×3,047=

3,618×94＝

4. 63217÷0.725＝

80,454÷759＝

968.45÷56.57＝

4. 计算器的基本操作

计算器的基本运算功能是"加"、"减"、"乘"、"除"四种，基本操作就是"数字键"→"功能键"→"数字键"→"＝"→"运算结果"。这里主要介绍计算器的累加累减、多步骤累加累减两种基本运算。

（1）累加累减运算。

【例】78+69+19＝166

步骤：按下数字键"7"、"8"；

按下功能键"+"；

按下数字键"6"、"9"；

按下功能键"＝"得到运算结果"147"；

按下功能键"+"；

按下数字键"1"、"9"；

按下功能键"＝"得到运算结果"166"。

【例】76×125×68＝646,000

步骤：按下数字键"7"、"6"；

按下功能键"×"；

按下数字键"1"、"2"、"5"；

按下功能键"＝"得到运算结果"9,500"；

按下功能键"×"；

按下数字键"6"、"8"；

按下功能键"＝"得到运算结果"646,000"。

【例】1,994+997×997＝996,003

步骤：按下数字键"1"、"9"、"9"、"4"；

按下功能键"M+"；

按下数字键"9"、"9"、"7"；

按下功能键"×"；

按下数字键"9"、"9"、"7"得到运算结果"994,009"；

按下功能键"+"、"MR"；

按下功能键"="得到运算结果"996,003"。

【技能训练】

正确利用计算器运算规则计算下列习题：

1,049,741+19,881+526+165,156=

2,847×2,618=

915×86=

63×2,621+156×37=

18+198+7×157=

911,682×155+18,811=

8.4,981÷18=

2,911.1,881÷1,815=

（2）多步骤累加累减运算。

【例】2,847×63+29×3,047=267,724

步骤：利用前面所学，先计算"2,847×63"得到"179,361"；

按下功能键"M+"；

再计算"29×3,047"得到"88,363"；

按下功能键"+"、"MR"；

按下功能键"="得到运算结果"267,724"。

【例】4,305×86+31×8,259+604×357=841,887

步骤：利用前面所学，先计算"4,305×86"得到"370,230"；

按下功能键"M+"；

再计算"31×8,259"得到"256,029"；

按下功能键"+"、"MR"；

按下功能键"="得到运算结果"626,259"；

按下功能键"MC"清除之前累加；

按下功能键"M+";

接着计算"604×357"得到"215,628";

再按下功能键"+"、"MR";

再按下功能键"="得到运算结果"841,887"。

【例】87×87-25×6-79×9=6,708

步骤：利用前面所学，先计算"25×6+79×9"得到"861";

按下功能键"M-";

再计算"87×87"得到"7,569";

按下功能键"+"、"MR";

按下功能键"="得到运算结果"6,708"。

【技能训练】

正确利用计算器运算规则计算下列习题：

3.66838÷1.76=

95.14×80.2=

3,694×7,521=

112.9287÷62.118=

48×48+65×86+89×42=

16×688-48×32+57×13=

68×57+35×48-18×35=

61×99-65×26-75×12=

五、小键盘的使用技能

小键盘是附属在其他机器上的录入单元，一般用于快速输入数字等。计算机上的小键盘，一般通过按【Num Lock】键在光标功能和数字功能之间进行切换。

小键盘的布局如图3-14所示。

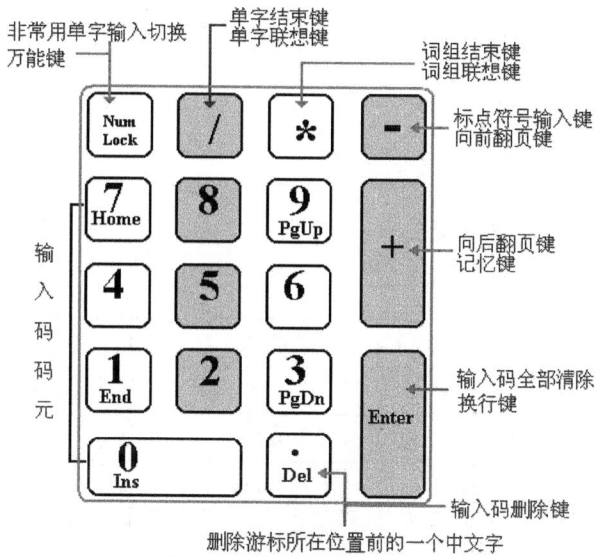

图 3-14　小键盘的布局

小键盘录入技能是指运用小键盘，按照熟练的指法进行电脑数字录入，以及进行账表算、传票算的一门技术。

会计职业入门的小键盘录入技能要求是，掌握正确的小键盘数字录入指法和传票翻打方法，能根据传票快速、准确地录入数字。

利用小键盘进行传票翻打时，正确的指法运用必须注意以下五点：

（1）各手指要放在基本键上，输入数字时，每个手指只负责相应的几个键，不要混淆。

（2）手腕平直，手指弯曲自然，击键只限于手指指尖，身体其他部分不要接触工作台或键盘。

（3）输入时，手稍微抬起，只有要击键的手指才伸出击键，击完后立即收回，停留在基准键上。

（4）击键速度要均匀，用力要轻，有节奏感，不可用力过猛。

（5）在击键时，必须依靠手指和手腕灵活运动，不能靠整个手臂的运动来打。

【技能训练】

1. 指法操作体验

61,482.79	15,020.15	159.34
537,912.46	704.15	7,996.41
75.18	694.27	89.03
439.18	9,448.49	563.48
439.15	16,589.79	36,558.18
85,461.27	163.78	169.45
657,263.14	5,346,278.52	8,984,916.69
204,820.55	4,856.71	19,865.25
18,989.15	6,583.05	215.99
15,616.18	56.57	18,969.74

训练要求：

（1）根据已学的小键盘使用技能要点，逐一录入表中的数据。

（2）录入时不要求速度，主要体验用规范操作的姿势；教师可进行巡视指导，及时纠正学生不规范的操作姿势，必要时可亲身示范。

（3）在反复的训练过程中养成良好的操作习惯，手指要轻抬轻放，击键速度要均匀有节奏感。

2. 课后训练要点

小键盘指法操作是一种技术，只有通过大量的训练实践才可能熟记各键的位置，从而提高录入速度和准确率。

（1）步进式练习。先练习数字键，做一批练习；再练习运算符键，做一批练习；补齐其他转换键，再做一批练习；最后依次练习"+"、"–"、"＊"、"/"、"."键。

（2）重复式练习。练习中可罗列一些数据，反复练习，并记录自己完成的时间。

（3）强化式练习。对一些弱指所负责的键要进行有针对性的练习，如小指、无名指等。

（4）坚持训练盲打。在训练过程中，应先讲求准确地击键，不要贪图速度。一开始，键位记不准，可稍看键盘，但不可总是偷看键盘。经过一定时间的训练，要达到不看键盘也能准确击键。

单元二　传票翻打指法训练

进行传票翻打时，一般所使用小键盘的正确指位如图 3-15 所示。

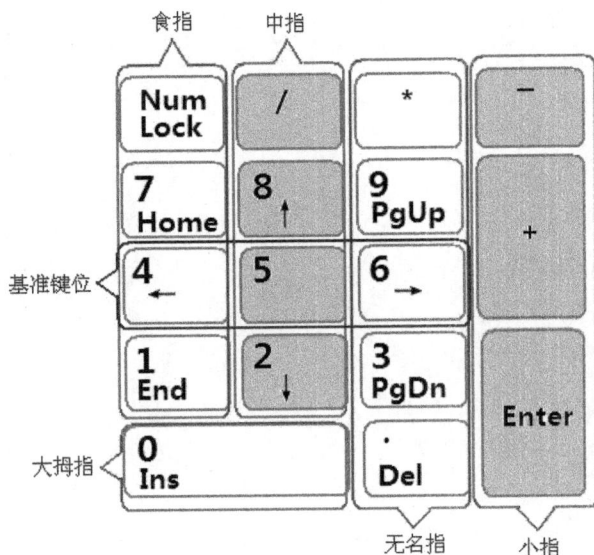

图 3-15　小键盘的正确指位

进行指法训练时，有以下方法：

（1）先练习"4"、"5"、"6"基准键位，再分指练习，食指练习"1"、"4"、"7"键位，中指练习"2"、"5"、"8"键位，无名指练习"."、"3"、"6"、"9"键位，小指练习"-"、"+"、"Enter"键位，大拇指辅助练习"0"键位。

（2）从基础的加减练起，如反复练习"1+2+3+4+5+6+7+8+9+…+98+99+100"，答案是"5050"，熟悉每一个指法。

（3）练习盲打，因为盲打是指法训练的最高境界。练习盲打的基本要求有：

① 坐姿端正，因为正确的坐姿能使操作者肌肉放松，活动自如，动作协调，从

而减轻劳动强度。

② 放置合适，根据操作者身材实际情况，将小键盘放在感觉最舒适的地方。

③ 握笔正确，强调左手拿笔，右手击键，计算完毕后左手快速将笔递给右手写答案，如果开始训练右手握笔速度会更快。

④ 精力集中，操作过程中眼睛是不全看键盘的，完全靠眼和手、脑协调配合，看到什么数字就去打什么数字，不应左右摇晃脑袋。

⑤ 一气呵成，整个盲打过程中，要掌握好节奏，动作连贯，一气完成，中途不要查找核对。

【技能训练】

数字盲打

【目的】精力集中，操作过程中眼睛不看键盘，强调手、眼、脑的协调配合，做到眼到手就到。

【要求】要想熟练运用键盘来打字，姿势非常重要，有了正确的姿势，不仅可减轻人的疲劳感，而且对提高速度也会起到事半功倍的效果。

（1）身体要保持平直，肩部放松，腰背不要弯曲。

（2）小臂与手腕略向上倾斜，手腕平直，两肘微垂，轻轻贴于腋下，手指弯曲自然适度，轻放在键盘上。

（3）屏幕显示区域位于视线以下 10~20 度，身体与键盘的距离因人而异。

（4）手掌以手腕为轴略向上抬起，手指略弯曲，自然下垂，形成勺状。

（5）打字时手腕要悬空，敲击键盘要有节奏，击键后手指要立即回到初始位置。

（6）击键的力度要适中，各手指分工明确，各司其职。击键时主要靠手指和手腕灵活运动，不要靠整个手臂的运动来找键位。

【方法】

（1）从基本键位"4"、"5"、"6"开始练习。

（2）再延展到其他键位，每一次打完数字后，食指、中指、无名指都要回到"4"、"5"、"6"基本键位上。手掌上下浮动带动手指敲击键位，手指微贴键盘有节奏地进行敲击，指尖抬起幅度 1 厘米以内，幅度不要过大。养成良好的指法对以后各阶段大幅度提速极为重要。

（3）渐渐掌握不同键的位置，直到可以不用眼看就能准确无误地找准键位。

【练习】通过以下四组数的训练加强对翻打传票过程的认识，要求听力与动作操练相结合，建议训练先准后快，不要急于求成。

507+48,063+321+7,582+413,629+9,370+829+8,906+794,285+510+7,603+6,945=

80,714+239+5,076-903+134,780+6,158-8,564+519+935-327+60,872-1,467+291=

4,187+603+9,235+486+2,098+105+597,241+367+85,431+854+9,270+978,163=

269+3,085-714+78,129-436+7,512+923,658-6,145+409-7,382+103+60,795-478=

使用小键盘只能用右手操作，手指在键盘上的位置非常重要。为了便于有效地使用小键盘，通常规定右手的食指、中指、无名指和小指依次位于第三排的"4"、"5"、"6"、"Enter"基准键上，其中"5"键上有一个小突起是用来定位的（见图3-15）。

当准备操作小键盘时，手指应轻轻地放在相应的基准键上，按完其他键后，应立即回到相应的基准键上。练习指法时，想要提高数字的录入速度，各手指应该有严格的按键分工："Num Lock"、"7"、"4"、"1"这四个键由右手食指负责；"/"、"8"、"5"、"2"这四个键由右手中指负责；"*"、"9"、"6"、"3"、"."这五个键由右手无名指负责；"-"、"+"、"Enter"这三个键由右手小拇指负责；"0"键则由右手大拇指负责。

一、食指指法练习

1. 通过六组数字操作练习，加强对食指指法的练习

（1）将741连加9遍，结果6,669。

（2）将714连加9遍，结果6,426。

（3）将471连加9遍，结果4,239。

（4）将417连加9遍，结果3,753。

（5）将174连加9遍，结果1,566。

（6）将 147 连加 9 遍，结果1,323。

2. 通过下列四组数字操作练习，加强对食指指法的练习

第一组	第二组	第三组	第四组
741	1,004	77	710
7,114	4,107	714	4,140
4,174	704	17,441	4,041
14	444	417	7,040
17,471	7,470	400	7,110
47,114	1,407	14,407	4,404
1,407	4,477	7,104	77,404
14,171	170	7,007	44,177
92,206	19,783	47,567	149,026

二、中指指法练习

1. 通过六组数字操作练习，加强对中指指法的练习

（1）将 852 连加 9 遍，结果7,668。
（2）将 825 连加 9 遍，结果7,425。
（3）将 582 连加 9 遍，结果5,238。
（4）将 528 连加 9 遍，结果4,752。
（5）将 285 连加 9 遍，结果2,565。
（6）将 258 连加 9 遍，结果2,322。

2. 对下列四组数字进行求和，加强对中指指法的练习

第一组	第二组	第三组	第四组
82,580	8,202	5,285	8,525
58	825,220	8,250	20,205
5,280	5,285	205	5,208,052
82,522	5,005	52,052	2,855

续表

第一组	第二组	第三组	第四组
2,202	52,802	400	8,250
550	85,202	52,502	58,202
88,250	852	8,250	825
80	258	885	2,855
261,522	982,826	127,829	5,309,769

三、无名指指法练习

1. 通过 12 组数字操作练习，加强对无名指指法的练习

（1）将 963 连加 9 遍，结果 8,667。

（2）将 936 连加 9 遍，结果 8,424。

（3）将 693 连加 9 遍，结果 6,237。

（4）将 639 连加 9 遍，结果 5,751。

（5）将 396 连加 9 遍，结果 3,564。

（6）将 369 连加 9 遍，结果 3,321。

（7）将 96.3 连加 9 遍，结果 866.7。

（8）将 93.6 连加 9 遍，结果 842.4。

（9）将 69.3 连加 9 遍，结果 623.7。

（10）将 63.9 连加 9 遍，结果 575.1。

（11）将 39.6 连加 9 遍，结果 356.4。

（12）将 36.9 连加 9 遍，结果 332.1。

2. 对下列四组数字进行求和，加强对无名指指法的练习

第一组	第二组	第三组	第四组
96.66	63.6969	663.9	3,390.6
9,633	936.3	96.3	69,039.6
9,363.39	63,663.9	6.9	36.9
63.09	933.6	6,030.9	9,390.9

续表

第一组	第二组	第三组	第四组
93.33	63.3	600.9	3,069.6
9,000.36	36,336	63,093	6,999.9
63.93	666	69,369	63,309.3
93,936	6.9	639.9	6,003
122,249.76	102,669.6969	140,500.8	161,239.8

四、小指指法练习

1. 通过四组数字操作练习，加强对小指指法的练习

（1）$951+78+164+253+49+267=1,762$

（2）$951-78-164-253-49-267=140$

（3）$951+78-164+253-49+267=1,336$

（4）$951-78+164-253+49-267=566$

2. 对下列四组数字进行求和，加强对小指指法的练习

第一组	第二组	第三组	第四组
−1,911	96,925	−79,156	7,645
858	−199	35	−2,199
−278,878	5,378	−196	37
8,287	−1,992	458	−154
−589	287	−3,688	345
93	−7,629	133	−84,657
−2,599	833	−3,886	7,845
288	−1,992	87,526	−486
−274,451	91,611	1,226	−71,624

五、指法综合练习

1. 通过下列数字操作练习，加强对指法综合的练习

(1) 50.27+6,138.36+1,824.76=8,013.39

(2) 4,250.17+5,479.28+16.53=9,745.98

(3) 72,395.04+6,089.17−7,549.26=70,934.95

(4) 3,508.94+4,196.87−1,776.5=5,929.31

(5) 69,240.5−4,738.19−8,265.07=56,237.24

(6) 1,183.2+5,526.9+46,272.1=52,982.2

(7) 1,776.5+3,812.09+1,625.4=7,213.99

(8) 80,464.2−7,329.86−4,726.5=68,407.84

(9) 408×792=323,136

(10) 69×1,052=72,588

(11) 92.4×801.9=74,095.56

(12) 70.3×41.2=2,896.36

(13) 50.27×36.97=1,858.4,819

(14) 61.38×97.81=6,003.5,778

(15) 300.76÷41.2=7.3

(16) 120.72÷50.3=2.4

(17) 7,035÷67=105

(18) 10,036÷193=52

(19) 169,057+4,052+58,714=231,823

(20) 614,502+6,038+30,729=651,269

(21) 469,257+1,936+7,948=479,141

(22) 472,035+7,149+6,018=485,202

(23) 54,806+317−2,841=52,282

(24) 368,724+915−8,673=360,966

(25) 358,416−704−5,392=352,320

(26) 74,186−608−7,192=66,386

(27) 8.24+306.749+50.47=365.459

（28）52. 18+1,680. 59+28. 13＝1,760. 9

（29）196. 5+901. 35+72. 89＝1,170. 74

（30）1,485. 27+574. 19+60. 2＝2,119. 66

（31）5,078. 49−1,703. 62−96. 3＝3,278. 57

（32）6,430. 8−71. 24−835. 27＝5,524. 29

（33）7,294×16＝116,704

（34）94×5,378＝505,532

（35）31. 5×70. 9＝2,233. 35

（36）75. 5×60. 9＝4,597. 95

（37）3,322. 3÷24. 57≈135. 22

（38）28,272÷63. 64≈444. 25

2. 对下列四组数字进行求和，加强对指法综合的练习

第一组	第二组	第三组	第四组
36,000	34,580	82,395	36,480
19,890	34,854	22,761	25,172
25,375	68,360	20,930	52,056
16,320	23,730	58,896	24,032
16,038	20,230	19,800	39,411
20,930	22,200	23,520	27,360
274,592	26,784	32,832	33,120
19,936	16,443	18,872	114,480
70,888	17,066	31,246	21,840
50,328	21,960	31,898	29,760
142,557	20,020	42,796	34,592
43,328	191,997	38,522	37,440
38,805	39,116	16,324	12,740
29,720	18,424	51,748	29,984
89,892	21,760	28,248	79,764
26,040	47,157	21,054	20,016
49,230	11,830	52,668	50,050
18,258	21,708	26,850	61,204

第一组	第二组	第三组	第四组
26,152	19,767	71,296	20,250
45,334	35,412	41,920	54,936
1,059,613	713,398	734,576	804,687

【技能训练】

1. 手指上下移动练习

将食指、中指、无名指放在数字键"4"、"5"、"6"上，向上移动，要落在数字键"7"、"8"、"9"上，然后回位，再向下移动，要落在数字键"1"、"2"、"3"上，然后再回位。这样反复进行三指联动或单指移动练习，直到手指能够上下移动自如、准确无误为止。

练习：按顺序输入单个数字"9、8、2、1、3、4、7、5、6、0"。

2. 组合练习

任选几组数字，开始时不要太快，动作一定要完整规范，反复练习，逐渐提高速度，直到手指能准确、快速输入数字为止。

练习：分别输入数字"6,832、7,931、5,346、4,003，125、7,498,023、5,583、721、4,851、234、590,692"。

3. 连加练习

利用若干连加题进行连加练习，进行综合性的传票算计算训练。

练习：进行下列连加训练。

(1) 78,359,024+7,352+29,402+480,657+8,693,204=

(2) 30.84+87,460.13+539.62+93,257.68+19.82=

(3) 91.43+705.43+50.89+5,601.78+291,375.80=

4. 练习一（请对下列数据进行纵、横平打）

题目	一	二	三	四	五	合计
一	180,236.89	3,895.61	76,605.38	503.62	105,286.44	
二	66,075.90	2,737.45	74,094.56	433.39	77,490.41	
三	79,994.04	−3,092.65	91,949.86	−400.04	86,174.69	
四	−56,369.97	2,503.74	−2,705.65	474.02	−64,604.26	
五	73,837.08	4,009.69	3,934.49	401.07	52,588.68	
六	55,080.85	3,685.03	−4,271.74	565.15	62,690.72	
七	52,080.64	2,481.76	3,364.16	463.71	86,433.80	
八	2,316.84	2,735.49	2,443.29	448.36	55,385.00	
九	−1,660.73	−4,000.89	3,562.01	497.43	−85,635.58	
十	2,454.67	4,211.47	3,392.38	−548.54	61,050.16	
十一	1,988.55	−2,737.45	3,749.58	570.72	58,286.12	
十二	2,134.75	3,185.10	2,841.92	469.09	64,394.20	
十三	2,277.66	3,508.21	2,911.30	−608.62	57,453.03	
十四	−2,272.58	3,035.38	3,255.42	430.55	62,429.58	
十五	2,067.27	3,322.43	−3,685.16	439.41	−71,994.43	
十六	2,624.77	−2,962.72	69,953.13	−500.25	57,470.03	
十七	1,809.22	3,497.41	30,174.42	333.29	62,498.87	
十八	−2,274.15	2,256.91	−37,084.53	391.26	−65,453.32	
十九	2,144.18	2,846.40	31,080.25	390.14	62,743.75	
二十	1,603.10	3,282.78	26,170.00	468.17	38,595.99	
合计						

5. 练习二（请对下列数据进行纵、横平打）

题目	一	二	三	四	五	合计
一	292.21	12,671.95	17,268.55	4,202.52	4,587.08	
二	287.48	18,945.74	11,852.82	6,522.08	-4,454.33	
三	-312.84	15,648.52	11,714.00	-5,904.65	3,688.60	
四	295.93	16,724.34	15,944.27	5,416.19	4,024.79	
五	308.45	14,538.77	16,470.88	6,556.14	3,589.34	
六	190.52	-19,061.27	16,338.21	5,576.95	5,309.17	
七	219.84	14,974.53	-14,819.26	4,701.06	4,626.82	
八	-4,152.31	12,087.14	11,730.72	4,614.53	4,423.89	
九	3,906.31	14,048.45	19,555.82	4,750.50	3,498.44	
十	4,827.52	13,094.40	11,375.00	-5,419.14	4,261.54	
十一	4,820.57	13,587.03	14,567.46	4,220.18	-4,565.94	
十二	2,909.27	-13,900.21	-14,593.08	3,739.01	4,261.54	
十三	273.27	10,145.51	10,507.44	4,248.87	4,148.92	
十四	-197.85	13,897.36	17,941.99	6,291.94	5,625.75	
十五	315.66	12,864.98	-8,863.32	4,991.49	-5,540.01	
十六	254.22	-17,128.19	13,670.99	4,681.19	5,540.01	
十七	-226.45	11,871.29	18,175.73	-4,219.89	4,967.40	
十八	170.01	5,142.46	-10,969.26	5,303.18	4,545.65	
十九	144.68	40,348.15	15,007.89	5,374.22	-3,693.34	
二十	170.01	42,723.09	14,839.34	4,784.67	3,675.58	
合计						

6. 练习三（请对下列数据进行纵、横平打）

题目	一	二	三	四	五	合计
一	27,088.52	3,911.64	27,675.26	13,835.15	25,514.26	
二	-29,149.26	4,866.55	24,914.11	16,174.31	-28,792.58	
三	21,226.16	5,026.44	-19,467.06	14,533.35	25,517.37	
四	33,476.56	-4,019.66	20,584.27	14,322.42	29,368.65	
五	24,708.01	4,136.51	23,912.95	-18,393.86	31,637.37	
六	29,251.89	4,471.12	20,025.39	13,205.85	29,385.01	
七	-33,175.01	3,330.17	-28,092.94	14,220.48	20,599.88	
八	32,653.20	4,561.41	23,780.32	11,536.09	29,962.89	
九	30,629.01	-4,906.05	27,452.62	15,227.64	22,531.36	
十	26,978.40	5,212.48	29,184.19	10,023.18	-25,463.37	
十一	29,283.46	3,964.92	-32,459.67	9,329.45	31,045.46	
十二	32,610.61	-4,491.24	24,486.86	10,112.89	24,512.69	
十三	26,582.89	5,043.28	27,323.35	-17,226.32	26,564.73	
十四	-24,603.05	5,043.28	26,142.64	11,626.48	24,096.80	
十五	25,403.52	5,684.53	24,736.93	14,610.91	21,390.23	
十六	27,854.09	-4,938.07	23,830.47	12,045.10	30,714.30	
十七	-29,544.88	5,291.86	23,115.86	15,755.68	-22,230.53	
十八	23,263.83	5,394.58	24,482.77	-16,830.12	23,210.50	
十九	19,946.72	5,251.00	23,721.65	14,005.05	22,801.17	
二十	28,790.20	3,493.18	23,434.70	10,941.45	19,567.68	
合计						

7. 练习四（请对下列数据进行纵、横平打）

题目	一	二	三	四	五	合计
一	3,258.05	25,023.73	4,220.93	26,450.92	10,822.52	
二	4,144.86	22,308.44	4,366.48	−29,505.85	13,733.43	
三	4,356.24	23,586.16	−5,239.78	24,186.61	10,862.61	
四	−4,858.58	26,678.77	3,650.48	22,035.64	17,125.74	
五	3,962.56	23,360.31	10,162.98	29,888.92	16,935.46	
六	21,711.04	−11,005.53	7,946.99	6,714.76	−16,329.19	
七	24,818.42	11,745.70	10,801.42	9,297.36	10,161.27	
八	26,316.05	10,166.32	10,384.22	−8,023.82	22,051.43	
九	−25,393.39	10,099.20	8,935.53	9,576.75	27,572.24	
十	32,291.34	14,451.41	8,271.36	9,388.09	21,121.75	
十一	25,672.08	12,482.43	−8,403.94	7,403.68	19,599.46	
十二	25,977.66	10,035.23	6,816.13	7,907.22	5,836.62	
十三	28,339.27	−10,437.08	7,456.86	−10,202.86	5,137.72	
十四	−24,219.77	10,630.68	9,824.37	6,276.58	−6,336.52	
十五	29,271.06	11,804.99	8,346.21	7,652.15	4,970.41	
十六	25,553.54	7,612.83	−8,975.82	8,799.97	5,994.01	
十七	30,008.37	−12,861.65	8,296.31	8,969.13	4,111.54	
十八	−22,007.41	12,673.22	5,557.49	12,205.17	−4,103.04	
十九	18,792.22	6,087.39	−9,143.10	8,034.78	6,493.51	
二十	26,309.11	10,362.06	6,462.39	12,708.21	6,660.01	
合计						

8. 练习五（请对下列数据进行纵、横平打）

题目	一	二	三	四	五	合计
一	867,395.02	9,428,035.11	951,662.46	5,235.53	299.42	
二	246,578.59	624,478.61	19,955.55	2,982.48	89,753.78	
三	7,284,630.53	−754,395.01	18,981.75	−14,992.85	877.87	
四	9,317,093.47	3,317,014.74	1,298.79	295.98	2,587.44	
五	609,812.67	519,212.86	−199.16	2,995.78	−45,354.82	
六	8,563,908.26	7,346,708.26	191.95	2,168.19	52,378.44	
七	58,739.42	78,939.12	295.26	−49,872.85	98.38	
八	16,423.14	28,153.24	−19,250.71	6,684.19	845.84	
九	1,983,267.54	510,492.23	769.19	89,925.55	8,796.57	
十	5,321.46	−4,121.16	499.15	18,942.76	87,587.87	
十一	4,615.97	−1,515.77	6,955.45	4,681.33	−782.77	
十二	810,623.22	2,383,466.34	98.89	2,922.11	87,587.34	
十三	78,539.64	78,639.84	98,155.84	−1,992.96	995.01	
十四	67,312.25	77,512.35	−269.75	192,871.68	377.87	
十五	924.39	−714.36	155.35	299,852.23	−52.22	
十六	782.16	9,892,383.25	982.93	77,984.66	9,373.45	
十七	136,758.28	339,796.68	1,933.46	1,947.85	87,643.24	
十八	1,265.84	5,463.95	9,261,566.84	−79,759.79	233.68	
十九	5,697,483.21	−982.27	1,815.33	298.44	9,343.13	
二十	9,432,768.34	7,663,766.54	−1,926.95	49,895.87	3,569.95	
合计						

单元三　传票翻打技能训练

　　进行传票翻打，除熟练加减法运算外，还应掌握整理、摆放、找页、翻页、数页等基本功。一套完整的传票翻打程序，应该经历图 3-16~图 3-21 所示的流程。

图 3-16　端正姿态，做好准备

图 3-17　整理剔除破损传票

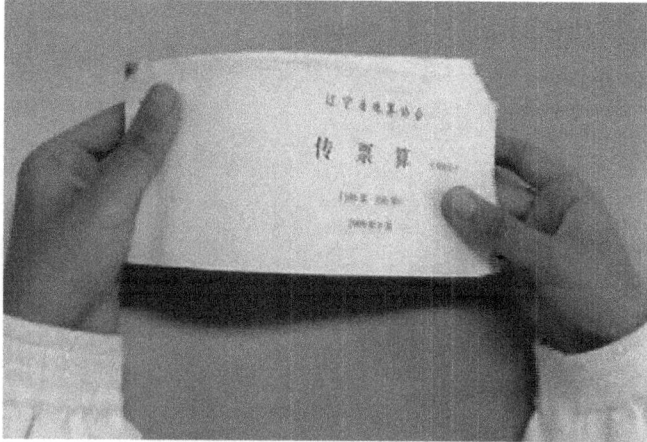

图 3-18 将传票捻成扇形

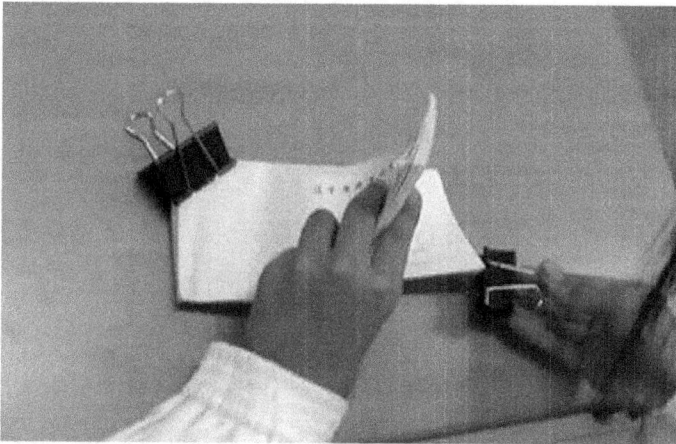

图 3-19 夹住传票以便翻页

图 3-20 正确摆放传票

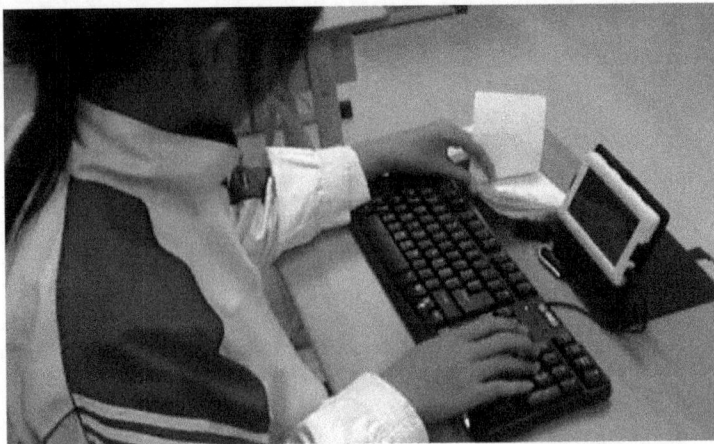

图 3-21　左右手分工协作

一、传票翻打注意事项

（1）以准为主，准中求快。传票算打得好的标准是准确与快速，准是必须达到的要求，快是全力争取的目标。进行传票算计算，快而不准毫无意义，准而不快达不到要求、完不成任务。因此，在训练中要正确处理好准与快的关系，不能只追求一样，要在保证正确的前提下提高速度。

（2）熟练翻页的动作和找页的方法。翻页和找页在传票算中是一项非常重要的基本功，其快慢准否直接影响打传票算的速度。比如说，加强对翻页和找页的练习，争取在进行传票算计算时能一次完成，不出现多余的动作，如图 3-22 所示。

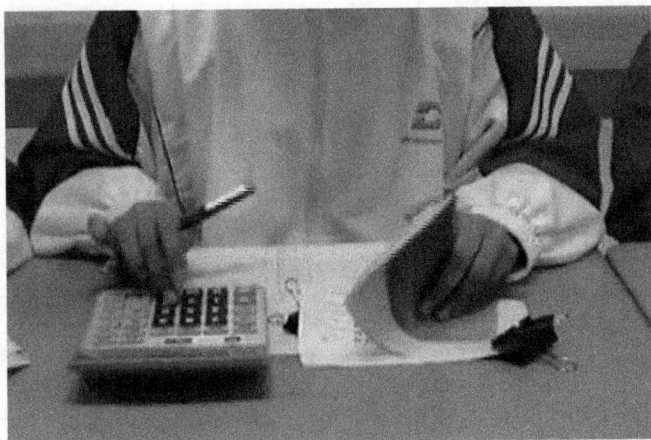

图 3-22　熟练翻页、找页

（3）计算时分节看数，看算结合。打传票算要想既准又快，就要眼、手、脑协调配合，看数既准又快是打传票算既准又快的前提，如图 3-23 所示。初学者打传票时，训练看数与输数的配合是很重要的，应尽可能达到在看数的一瞬间就要把数输入。将一个金额数字分节来看，可以很好地分清数字的位数，很快看准、记住和输入数字。通过分节看数、看算结合的练习，时间长了，就可以使大脑形成一种条件反射，实现眼、脑、手有机结合，协调一致。

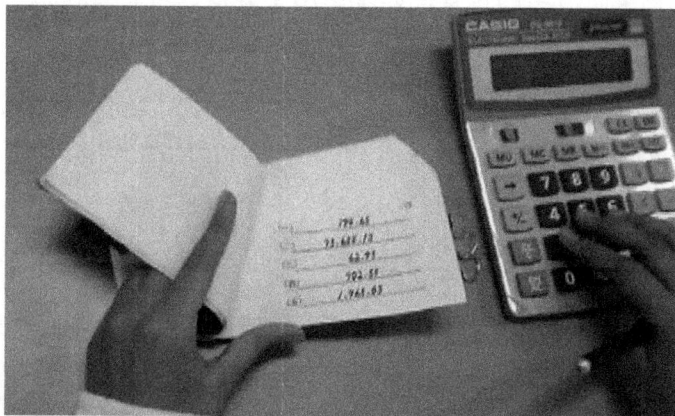

图 3-23　分节看数，看算结合

（4）加强手指分工的训练。在传票算训练中，以计算器作为计算工具，手指的分工与协调是一个重要的环节。初学者进行计算时，手指一定要按照要求进行分工，养成良好的习惯，一边进行看数，一边进行输入。初学者由于对键盘不熟悉，在计算时可看键盘，但一定要记准记住常用功能键的分布，形成脑像图，通过一段时间的训练后，争取达到盲打计算。

（5）训练一定要持之以恒。传票算是一门实际操作技能课程，要想真正掌握这门技术并达到一定的技能水平，不是一天或几天就能实现的，必须每天有计划地限时训练，最重要的是坚持，不能间断。

特别提示

传票翻打教学视频链接地址：

1. http：//v. youku. com/v_ show/id_ XMzM20TIzMzg0. html。

2. http：//v. youku. com/v_ show/id_ XNTkzMTQy0TY4. html。

3. http：//v. youku. com/v_ show/id_ XMzMxNzk4NzQ4. html。

4. http：//v. youku. com/v_ show/id_ XNDU2MzMxMTg4. html。

二、传票翻看训练

1. 检查传票

传票应摆放在桌面适当的位置，如果使用小键盘，可将传票放在小键盘的左上方，贴近小键盘，以便看数翻打。

整理传票前，先要检查传票是否有错误，有无缺页、重页、数码不清、错行和装订方向错误等问题，一经发现传票有问题，需要及时进行更换，检查无误后方可整理传票。

2. 整理传票

（1）墩齐。双手拿起传票，将其侧立于桌面，并在桌面上墩齐。

（2）开扇。左手固定传票左上角，右手沿传票边沿轻折，顺时针轻轻捻动传票，将传票打开成扇形，使每张传票自然松动，不会出现粘在一起的情况。

特别提示

传票捻成扇形的方法：两手拇指放在传票封面上，两手的其余四指放在传票背面，左手捏住传票的左上角，右手拇指放在传票封面的右下方；然后，右手拇指向顺时针方向捻动，左手配合右手向反方向用力，轻轻捻动即成扇形。注意，扇形幅度不宜过大，只要把传票封面向下突出、背面向上突出，便于翻页即可。

（3）固定。用夹子将传票的左上角夹住，再用一个较小的票夹夹在传票最后一页的右下角，将传票架起，使扇形固定，防止错乱。

3. 传票找页

找页即根据传票的翻打要求，快速准确地找到每题的起始页。因此，熟练掌握传票找页技能，也是提高传票翻打准度和速度的重要前提之一。

进行传票找页训练时，首先要熟悉传票，练习一下手感，能准确把握纸页的厚度，如 10 页、20 页、30 页、50 页等的厚度；然后要用左手迅速准确找到起始页数。

进行找页的训练时间应该不少于 1 周，形式可灵活多样，进行竞赛和测试都可以。

4. 传票翻页

传票翻页有两个基本动作，即"按"和"翻"。

（1）"按"。左手小指、无名指和中指按住传票的左下端。

（2）"翻"。左手大拇指逐页翻起传票，并交给食指夹住。

传票翻页是传票翻打过程中与小键盘指法同等重要的环节，需要眼、手、脑协调一致。

【技能训练】

1. 单页翻找训练

（1）由教师报起始页数，学生快速翻找。

（2）由学生相互之间报起始页数，进行翻找训练。

2. 多页翻找训练

教师给出一组起始页数，要求学生连续进行翻打。每组数量由少到多，如 5 题、10 题、20 题、40 题……循序渐进。

建议：此项训练可以采取限量不限时和限时不限量两种形式进行安排。

3. 传票翻看综合训练

在参看教学视频（http：//v. youku. com/v_ show/id_ XMzM20TIzMzg0. html）之后，在综合传票摆放、检查、整理、找页、翻页等技术要领的基础上，进行传票翻看综合训练。

训练时，由教师设置训练形式，可全班整体练习，也可分组练习；学生根据教师的口令要求进行翻看，熟练掌握动作要领。

三、传票翻打训练

传票翻打要求眼、手、脑并用，协调性强，初学者可以从简到繁进行练习。本节要求先从"一目一行"的方法进行翻打,"一目一行"即翻打传票时,翻看一行录入一行。这种方法虽然相对比较慢,但如果熟练掌握便能向"一目多行"转变,因此说是基本功。

进行传票翻打训练的目的是为了使左手连贯、快速、准确翻页,提高翻页技巧。翻打时,要求票页不宜翻得过高,角度适宜,以能看清数据为准;左手翻页应保持连贯。

1. 基础训练

说明:以下传票翻打训练均以一般的百张传票为传票本。

(1)训练一(传票翻打训练)。

题号	起止序号	答题数	题号	起止序号	答题数
1	2~16		16	85~82	
2	85~99		17	80~94	
3	49~63		18	74~88	
4	64~78		19	38~52	
5	72~86		20	62~76	
6	26~40		21	66~80	
7	60~74		22	48~62	
8	82~96		23	76~90	
9	39~53		24	45~59	
10	63~77		25	17~31	
11	47~61		26	85~99	
12	10~24		27	12~26	
13	26~40		28	33~47	
14	64~78		29	51~68	
15	40~54		30	71~85	

（2）训练二（传票翻打训练）。

题号	起止序号	答题数	题号	起止序号	答题数
1	36~50		16	25~39	
2	72~86		17	30~44	
3	8~22		18	64~78	
4	69~83		19	67~81	
5	15~29		20	58~72	
6	48~62		21	44~58	
7	18~32		22	20~34	
8	27~41		23	29~43	
9	34~48		24	39~53	
10	43~57		25	45~59	
11	41~55		26	49~63	
12	4~18		27	2~17	
13	31~45		28	35~49	
14	54~69		29	56~70	
15	38~52		30	37~51	

（3）训练三（传票翻打训练）。

题号	起止序号	答题数	题号	起止序号	答题数
1	4~8		16	7~21	
2	52~66		17	23~37	
3	11~25		18	41~65	
4	45~69		19	19~33	
5	10~24		20	70~84	
6	15~29		21	12~26	
7	51~62		22	57~71	
8	46~60		23	59~73	
9	55~69		24	39~53	
10	15~28		25	54~68	
11	26~40		26	13~27	
12	36~50		27	26~39	
13	64~78		28	30~44	
14	28~42		29	65~79	
15	19~38		30	21~35	

（4）训练四（传票翻打训练）。

题号	起止序号	答题数	题号	起止序号	答题数
1	10~24		16	9~23	
2	38~52		17	25~39	
3	47~61		18	40~54	
4	79~93		19	59~73	
5	21~35		20	74~88	
6	64~78		21	3~17	
7	39~53		22	18~32	
8	8~22		23	34~48	
9	27~41		24	57~71	
10	55~69		25	76~90	
11	73~87		26	6~20	
12	24~38		27	29~43	
13	45~56		28	43~57	
14	60~74		29	62~76	
15	35~49		30	19~33	

（5）训练五（传票翻打训练）。

题号	起止序号	答题数	题号	起止序号	答题数
1	15~29		16	17~31	
2	31~45		17	24~38	
3	42~56		18	45~59	
4	54~68		19	45~70	
5	46~60		20	4~18	
6	75~89		21	41~55	
7	30~44		22	85~96	
8	38~52		23	63~77	
9	7~21		24	44~58	
10	55~69		25	51~65	
11	60~74		26	74~85	
12	16~30		27	49~63	
13	42~57		28	59~73	
14	70~84		29	14~28	
15	50~64		30	6~20	

（6）训练六（传票翻打训练）。

题号	起止序号	答题数	题号	起止序号	答题数
1	9~23		16	4~18	
2	34~48		17	75~89	
3	56~70		18	20~34	
4	12~26		19	66~80	
5	30~44		20	53~67	
6	58~72		21	29~43	
7	77~91		22	35~50	
8	21~35		23	57~71	
9	42~56		24	13~27	
10	75~89		25	40~54	
11	8~22		26	81~95	
12	51~65		27	3~17	
13	78~92		28	28~42	
14	25~39		29	18~32	
15	46~60		30	23~37	

（7）训练七（传票翻打训练）。

题号	起止序号	答题数	题号	起止序号	答题数
1	16~30		16	18~32	
2	24~38		17	22~36	
3	32~46		18	31~45	
4	41~55		19	40~54	
5	2~16		20	4~18	
6	29~43		21	56~70	
7	35~49		22	27~41	
8	53~67		23	38~52	
9	44~58		24	37~51	
10	50~64		25	10~24	
11	11~25		26	70~84	
12	23~37		27	51~65	
13	62~76		28	43~57	
14	34~48		29	48~63	
15	54~68		30	13~27	

（8）训练八（传票翻打训练）。

题号	起止序号	答题数	题号	起止序号	答题数
1	3~17		16	7~21	
2	20~34		17	19~-33	
3	28~42		18	27~41	
4	36~50		19	35~49	
5	45~59		20	43~57	
6	50~64		21	76~89	
7	6~20		22	5~19	
8	33~47		23	46~60	
9	69~83		24	32~46	
10	40~51		25	65~79	
11	59~73		26	39~53	
12	12~26		27	17~31	
13	76~90		28	49~63	
14	9~23		29	41~55	
15	48~62		30	8~22	

（9）训练九（传票翻打训练）。

题号	起止序号	答题数	题号	起止序号	答题数
1	13~27		16	82~96	
2	28~42		17	11~25	
3	44~58		18	29~43	
4	61~75		19	46~60	
5	77~91		20	65~79	
6	20~34		21	16~30	
7	36~50		22	31~45	
8	51~69		23	83~97	
9	66~80		24	50~64	
10	81~95		25	67~81	
11	1~15		26	84~98	
12	17~32		27	15~29	
13	32~46		28	30~44	
14	47~61		29	52~66	
15	63~77		30	68~82	

（10）训练十（传票翻打训练）。

题号	起止序号	答题数	题号	起止序号	答题数
1	7～21		16	25～39	
2	44～58		17	43～57	
3	63～77		18	80～94	
4	67～81		19	27～41	
5	10～24		20	58～72	
6	29～43		21	9～23	
7	66～80		22	46～60	
8	4～18		23	13～27	
9	38～52		24	65～79	
10	45～69		25	20～34	
11	79～93		26	2～16	
12	12～26		27	55～69	
13	28～43		28	18～32	
14	54～68		29	71～85	
15	21～35		30	33～74	

2. 进阶训练

（1）一般训练。

【内容】

练习一：10 组 20 页翻打（限时 5 分钟）。

练习二：30 组 20 页翻打（限时 20 分钟）。

练习三：5 组 100 页翻打（限时 25 分钟）。

【要求】

① 先采取看着传票翻页，熟练后再练习盲翻。

② 翻页计算时，可先采用一次一页翻打，熟练后也可进行一次两页或三页的翻打。

③ 手、眼、脑协调配合。

④ 精神集中，翻打同步。

⑤ 加强练习，分布进行。

【时间】

训练时间不少于 10 周。

（2）分阶段训练。分阶段进行训练能自我检测运算速度的提高情况，督促自己不断提高传票算的技能水平。以统一的百页传票本计算题为例，可按下列要求进行传票算分阶段训练。

第一阶段（对初学者而言）：每一次计算 10 道题，限时 20 分钟，保证正确率。

第二阶段：每一次计算 10 道题，限时 15 分钟，保证正确率。

第三阶段：每一次计算 10 道题，限时 10 分钟，保证正确率。

第四阶段：每一次计算 10 道题，限时 9 分钟，保证正确率。

建议：训练时可根据自己的实际情况，随时调整练习的方式和方法。

【技能训练】

小键盘传票翻打模拟练习

本次训练利用一款"A8 小键盘传票翻打练习程序 v2.5 官方最新版"的软件进行虚拟练习，该软件可在网上免费下载（http://www.smzy.com/smzy/down107966.html）。

完成软件安装后，桌面会出现如图 3-24 所示的小图标。点击小图标后，就可以开始进行模拟练习（操作界面见图 3-25 和图 3-26）。

图 3-24　A8 小键盘传票翻打练习

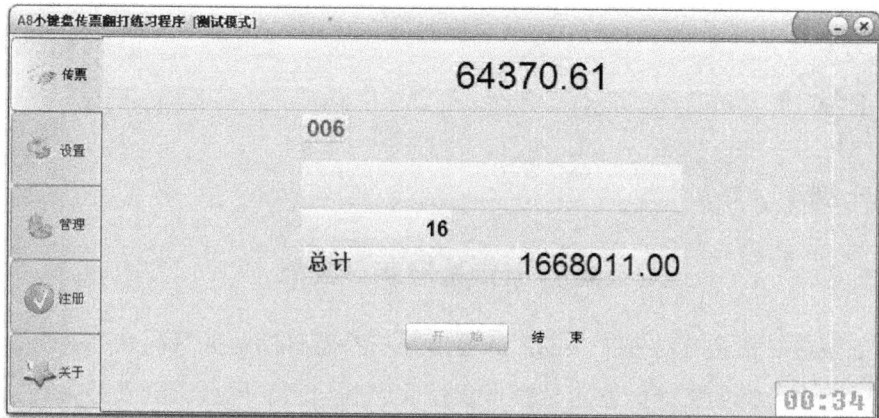

图 3-25　A8 小键盘传票翻打模拟练习界面

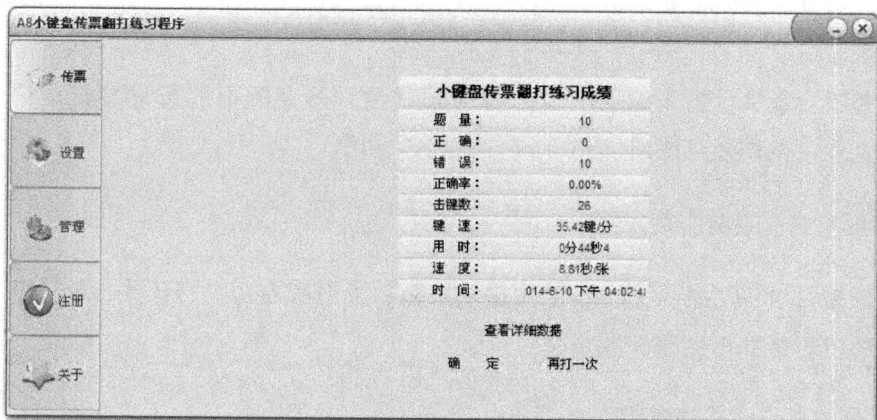

图 3-26　A8 小键盘传票翻打模拟练习成绩界面

　　该软件可用于金融系统传票翻打练习、传票算练习、计算器传票练习，有助于节省实训成本，也方便学生在课后练习，能有效提高学生的熟练程度。

　　进行模拟练习时注意以下事项：

　　（1）多册模式下单册页数为 100。

　　（2）多册模式下一次最多可测试 500 条数据，即"题数×每题传票数"不大于 500。

　　（3）单册模式下最大传票总数为 500。

　　（4）倒计时时长为 1~10 分钟。

　　（5）测试结果导出为 Excel 表格。

　　（6）导入 Excel 表格中的数据时只能四舍五入取两位小数。

【技能拓展】

财务报告整理装订技能

财务报告是指企业对外提供的反映企业某一特定日期财务状况和某一会计期间经营成果、现金流量的文件。它包括资产负债表、利润表、现金流量表等会计报表、会计报表附注和财务情况说明书。其中，会计报表是财务报告的主要组成部分。

财务报告分为年度、半年度、季度和月度财务报告。年度、半年度财务报告由会计报表、会计报表附注和财务状况说明书三部分组成。月度和季度财务报告通常仅指会计报表。

财务报告或会计报表编制完成并及时报送后，留存的报表按月装订成册谨防丢失。小企业可按季装订成册。

1. 财务报告装订前的准备

按编报目录核对是否齐全，整理报表页数，上边和左边对齐压平，防止折角，如有损坏部位需修补得完整无缺。

2. 财务报告的装订要求

财务报告的装订应左上角对齐。其装订顺序为：财务报告的封面、财务情况说明书、按会计报表的编号顺序排列的各种会计报表、财务报告的封底，如图3-27所示。具体装订技巧如图3-28所示。

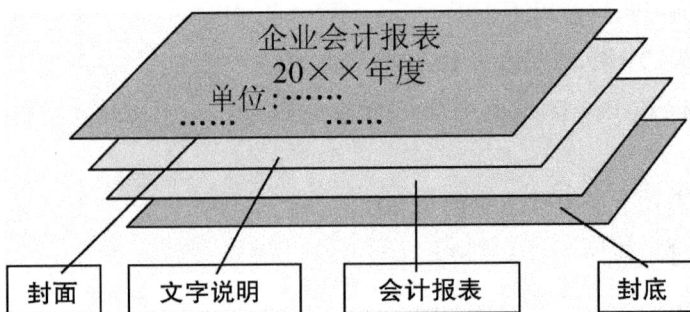

图3-27　财务报告的装订顺序

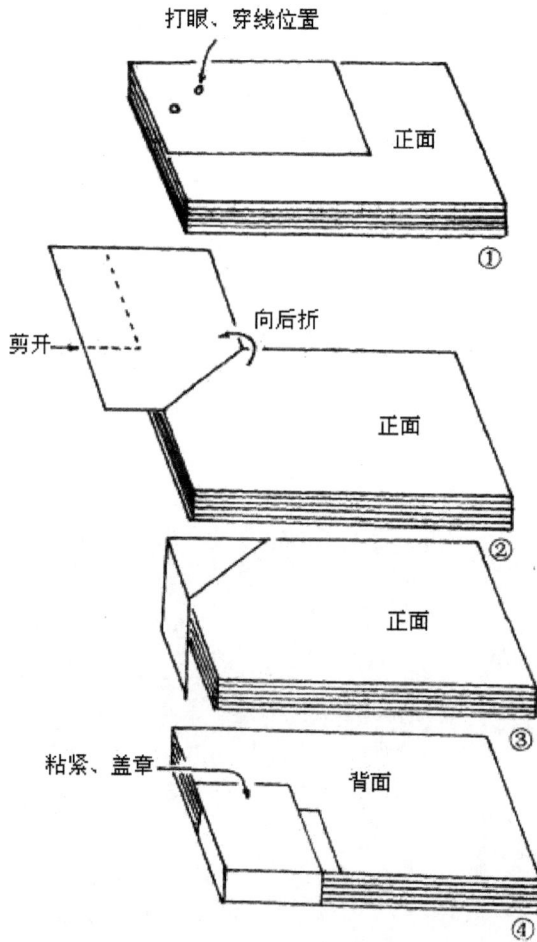

打眼、穿线位置

正面

①

剪开→

向后折

正面

②

正面

③

粘紧、盖章

背面

④

图 3-28　财务报告的装订技巧

　　一般来说，其他会计资料按类整理装订。应按照银行存款余额调节表和银行对账单类，财务收支计划类，重要合同类，会计档案保管清册和会计档案销毁清册类，会计档案移交清册和查阅登记清册类，增设或合并会计科目说明、会计科目名称对比明细表、会计印章启用交接封存或销毁材料类，财产清查类，经济活动分析、审计报告类等其他应保存的会计核算专业资料的顺序整理立卷。各类按照时间顺序，分册或合并装订，并编制年度案卷总序号。